La vida es bonita
(incluso ahora)

Papel certificado por el Forest Stewardship Council®

MIXTO
Papel | Apoyando la silvicultura responsable
FSC® C117695

Penguin Random House Grupo Editorial

Primera edición: octubre de 2024
Cuarta reimpresión: julio de 2025

Printed in Spain – Impreso en España

ISBN: 978-84-19514-15-8
Depósito legal: B-11.417-2024

Compuesto en Grafime S. L.

Impreso en Black Print CPI Ibérica
Sant Andreu de la Barca (Barcelona)

NT 14158

BELÉN DOMÍNGUEZ

La vida es bonita (incluso ahora)

NUBE **DE TINTA**

A mis padres y a mi hermana; a Emilio y a su familia;
y a mis amigas, por acompañarme siempre en este camino
y hacérmelo más fácil de lo que nunca imaginé.
Al doctor Ley, por demostrarme que mi vida tiene sentido

PRÓLOGO

ROBO MIS PROPIAS PALABRAS para comenzar este prólogo. Porque son las mismas que escribiría en estos momentos. A pesar de que la enfermedad siga azotando a Belén, a mi querida Belén, a la que conocí, hace ya un año, gracias a nuestra amiga común, Lucía Pombo, que organizó todo con su generosidad de siempre. Desde entonces hasta ahora Belén es una parte muy importante de mi corazón. Es mi lección permanente de vida.

Porque, aunque la enfermedad ataque, a veces de forma muy cruel, Belén no cambia. Y sigue siendo lo que ya escribí. Un ser de luz. Un ejemplo de vida. La sonrisa en estado puro. La naturalidad; una de esas personas que, desde que la conoces, quieres que forme parte de tu vida. Todo lo que transmite es bueno: amor, alegría, energía, fortaleza, valentía, madurez, sensibilidad. Qué suerte tengo, me repito una y otra vez, de tenerla como amiga. No miento si digo que es la persona más especial que me he encontrado en muchísimos años.

A pesar de su juventud y de saber bien que se enfrenta a una dura, durísima enfermedad, no baja la guardia ni un segundo. Mientras escribo estas líneas, Belén forma parte de un nuevo ensayo contra el cáncer. Un ensayo que le produce todo tipo de efectos secundarios. Este es el motivo por el que muchas personas abandonan los ensayos clínicos a las dos semanas de su inicio. Ella lleva tres meses sufriendo con ilusión; mareándose con esperanza; aguantando los caprichos de la tensión arterial con fe.

Dios está allí, con ella. Y, aunque la muerte, de la que no rehúsa hablar, puede llegar —como a cualquier persona, en cualquier momento—, no tiene miedo. Belén cree en Dios y sabe que está a su lado. Además, como me dijo en su día, Él también cree en ella. sabe que todo está en la cabeza y lo que dependa de ella lo va a hacer.

¡Cómo te quiero Belén! Te quiero por lo que me enseñas día a día, por lo que nos enseñas a todos. Ni te imaginas la cantidad de gente que nos pregunta por ti, que te admira, que te adora, que reza porque todo salga bien. Bueno sí que te lo imaginas; es más, lo sabes. Y, aun así, sigues siendo igual que siempre, no te das ninguna importancia. Eres increíble.

Ahora te podrán conocer los que lean tu libro, *La vida es bonita (incluso ahora)*. No puede haber un título más acertado. Porque, a pesar de los pesares, así es y en estas páginas lo reflejas a la perfección. Tu vida, la vida de una joven normal que un día, sin venir a cuento —porque estas cosas nunca vienen a cuento—, se encuentra de frente con el temido cáncer. Qué bien describes lo que te ha sucedido; llegará a la gente como llegas cada día a tus miles de seguidores.

Llevas meses tendida en una cama. Muchos. Con todo, tu sonrisa no se cansa. Junto a ti, siempre, las tres personas más importantes de tu vida. Emilio, el que un día será tu marido, y tus padres, Charo y Paco. ¡Qué ejemplo de personas! No se separan de tu lado y han hecho suya tu enfermedad. En sus miradas se reflejan un sinfín de sentimientos: AMOR, en mayúscula, la ternura, la alegría, el humor. Siempre piensan en positivo, como solo las grandes personas lo saben hacer. Qué suerte tengo de que ellos también formen ya parte de mi vida.

La vida es bonita incluso ahora, y más a tu lado, Belén. Gracias por tanto.

Marta Barroso

0

La habitación es estrecha. Tiene una cama, tres asientos y un gran ventanal. Es clara e impersonal. Incluso después de más de veinte días aquí, sigue sin ser mía. No lo será jamás. O eso espero. Aun así, llevo en ella el suficiente tiempo como para reconocer los vaivenes en los pasillos, el distante ruido del ascensor y el de los manojos de llaves de los celadores.

No hubo avisos, como tampoco hubo tiempo de prepararse. Fue todo de sopetón. Un día estaba de pie, metiendo las llaves en la puerta, y al siguiente estaba aquí, tirada en esta cama. Cuando pienso en los mil lugares en los que podría estar ahora mismo, esta habitación es el último sitio en el que imaginaba tener que pasar el verano. Y si me pongo melancólica, pienso en las calas de Menorca y en el pantano de San Juan: pienso en el agua, y me ahogo en ganas de quejarme por lo injusto que me parece todo.

Las persianas están a medio bajar. Mi madre está pendiente de ellas: las sube y las baja en función del calor. Las revisa mil veces al día, quizá porque necesita ocuparse de algo que sí puede controlar. Yo la dejo, porque ayuda y porque sé que es importante para ambas.

Ahora mismo, la luz del mediodía resulta abrumadora. Rebota en el alféizar e ilumina solo una pequeña parte de la habitación. Es la hora de la siesta y, aunque no tengo nada de sueño, estoy agotada.

Agosto es para los valientes, pienso, y por eso seguimos aquí.

Mi madre se incorpora. Mi padre solo levanta la vista de su revista cuando la enfermera entra de golpe en la habitación. La mujer saluda, como cada tarde. Tiene una voz bonita. Tardo un instante, pero recuerdo su nombre. Carlota pregunta si estoy dormida y le respondo con un gesto; vuelvo el rostro hacia el sonido de su voz y abro los ojos cuando la siento acercarse.

La encuentro de pie al final de la cama, con las manos en los bolsillos de la bata. Imagino que revisa la eterna lista de soluciones en su cabeza mientras me mira.

—¿Qué tal, Belén? —suelta—. ¿Cómo estamos hoy?

Un poco regular, pienso. No me gusta la idea de decir que estoy mal. No estoy mal. Estoy aquí. Puede que me pese todo. Puede que no sienta las manos y que ahora mismo se me haga cuesta arriba el hablar sin echarme a llorar, sí. Pero mal no estoy.

Me niego.

—Pues como un globo —suelto de pronto.

—Vaya.

La enfermera me mira con sorpresa. Normalmente no digo cosas como esa, pero llevo aquí todo el verano y parece ser que los corticoides están haciendo de las suyas.

Los corticoides me los recetaron para reducir la inflamación de la médula. De mi médula. La médula en la que técnicamente aún reside la razón por la que hoy soy un globo y no una chica más en la playa; la razón por la que este sol de mediodía, este año, nos atrapa en este hospital y no en Sevilla, o en Menorca, o, yo qué sé, ¡Sicilia!

Podríamos haber estado en cualquier otro lugar y, sin embargo, aquí estamos.

Sé que no debería desanimarme y que si me dejo caer en el pozo de esos sentimientos tan feos —la desesperanza o la rabia—, se me va a hacer todo aún más cuesta arriba. Sin embargo, esa es la verdad.

Sin tapujos: me siento como un globo.

Estoy hinchada y no dejo de ocupar un espacio que ni siquiera entiendo. La sensibilidad de mi cuerpo es mínima, mis manos no responden como me gustaría y siento como si estuviera atrapada en el diminuto espacio que hay entre todas mis células. Entre las buenas y las malas, a merced de los corticoides y la morfina, flotando en algún lugar intermedio.

Soy un globo de helio atrapado en una habitación de hospital que se muere de ganas de escapar de aquí porque le duele. Todo.

Esa es la realidad. Me duele más allá de las manos, el cuello o el orgullo. Duele, y duele a todas horas. Es como si mi cuerpo hubiera dejado de pertenecerme y en lugar de ello solo estuviera llena de él. De cuerpo, de dolor y de soluciones médicas.

—¿Y qué pone? —pregunta la enfermera.

—¿Eh?

Mi madre se acerca en cuanto reconoce el gorgorito del llanto en mi voz.

—Que qué pone en el globo —repite la enfermera. Se lleva las manos a las caderas—. Si eres un globo, digo yo que serás de los de fiesta. Porque a ti juerga no te falta nunca, ¿eh?

—Eso es verdad, Belén. —Ríe mi padre.

—No pienses que no sé que la avivas tú —sigue la enfermera—. Que os oí cantando ayer por la noche, a las tantas.

Mi madre se acerca a la cama y me aparta el pelo de la cara. Me gustaría cogerle la mano, pero no me veo capaz de intentarlo siquiera. No quiero llevarme el chasco de no conseguir ni rozar sus dedos, así que no lo hago.

—Hombre, encima que os damos un conciertito de nada —protesta mi padre.

—No, si ya veo que te viene de familia.

La enfermera me sonríe. Esta vez, en lugar de hundirme, encuentro una risilla cómplice en la parte posterior de la garganta.

—Será que sí, que me viene de familia.

Mi padre sonríe también y todo se vuelve un poco más llevadero de repente. A veces resulta ser así de sencillo: él sonríe y yo hincho el pecho de puro orgullo.

Mi madre también me mira e intenta sonreír. Aunque le

cueste un pelín, una vez se arranca, lo consigue. No sonríe con los dientes, pero me basta la curvita de su boca para sentir que la mía también recuerda cómo hacerlo.

—A ella no le traen muchos globos, ¿verdad, Belén?

—Ya decía yo —suelta la enfermera—. Si yo ya he visto que ha venido mucha gente a verte esta semana. Te habrán traído todos mucha fuerza, ¿no?

—¡Bueno! Fuerza y flores —le digo. Porque la habitación parece una floristería con tanto ramo.

Nos reímos todos.

Después de nuestra breve conversación, la enfermera comprueba la medicación. Se despide cuando piensa que estoy de mejor humor. Dice que me ve muy bien, y que es normal que esté cansada y algo tristona. Me pide que no me preocupe, que volverá después de cenar con la medicación de la noche para ver cómo voy. Le digo que no se preocupe, que no tengo intención alguna de salir corriendo, y la oigo reír mientras sale por la puerta.

Nos quedamos los tres solos otra vez, y la tarde se estira y se estira hasta que al final cae por su propio peso.

Mi madre sube la persiana. La luz entra y hace de las suyas. Aunque sea durante apenas media hora, la habitación deja de ser blanca e impersonal. De repente, parece tan inmensa como una playa o un jardín.

El atardecer ilumina las paredes con mil colores, en un juego de luz y sombra. El ramo que Mercedes trajo ayer, ahora en el alféizar, está justo enfrente del sol y destila un montón de reflejos diferentes.

Tomo nota mental de pedirle a mi madre que cambie el agua para que las flores duren muchos días más y pienso en la enfermera, con sus manos en las caderas. Pienso en cómo se ha quedado hasta que me ha visto tranquila y en los rostros de todos mis amigos. En sus manos sosteniendo la mía incluso cuando mis dedos apenas pueden aferrarse a los suyos. Pienso en el rostro de Emilio, en su barba y en sus ojos; pienso en cantar con mi padre y en dejar que mi madre elija lo que tengo que comer porque sabe qué me gusta y qué no. Y con todo eso, sonrío otra vez, algo más tranquila.

Sé que la cena está de camino. No sé qué hay en el menú, pero seguro que está rico. No tengo mucho apetito, eso es verdad, pero estoy bien.

Estoy aquí. Pese a las resonancias, el quirófano, las emociones gigantescas o los momentos de sentirme como un globo. El día sigue y se acaba. El sol se pone y mañana volverá con la misma fuerza. O volverá nublado. No se puede saber. La única certeza que nos queda es que todo pasa y todo pasará, ¿no es cierto?

Las flores, en el alféizar, me devuelven la sonrisa como si pudieran leer mis pensamientos.

Agosto es para los valientes, pienso, y este año mi valentía tiene forma de crisantemos.

LA VIDA ANTES

1

LUCÍA DICE QUE HAY QUE GUARDAR LAS VELAS. Que, según su abuela, da mala suerte tirarlas. Rodeadas de bolsas de plástico y adornos, la miro como si fuera un alienígena. Estoy agotada y ni siquiera sé qué es lo que he hecho para cansarme tanto. ¿Cenar con mis amigas? ¡Si ni siquiera he ido a *spinning*!

—¿Qué dices?

—Que sí. —Hace un gesto con la mano—. Tú guárdalas. Y si te dan suerte, pues mejor.

—Pero que da igual.

—Que no, que si las tiras no se te va a cumplir el deseo. Ponlas por ahí y ya vemos dónde las metemos luego.

—Bueno, vale. —Río.

«Estamos como para guardar velas», pienso. Después de la cena, que iba a ser breve y tranquila, tenemos la cocina hecha un cristo. La gente se ha ido y es pasada la medianoche, así que técnicamente ya no es mi cumpleaños. ¿Y dónde leches guarda una unas velas? ¿En una caja? ¿Con los cubiertos o con los platos?

Giro sobre mí misma, con las velas de colores en la mano, y busco un lugar donde dejarlas. Todas las superficies están habitadas por algo: la caja de una pizza, las copas de cristal que compramos en Ikea porque nos enamoramos de ellas, los botellines de cerveza, un montón de platos sucios. Migas de tarta, culitos de champán, una guirnalda a medio descolgar.

—Déjalas por ahí y luego las guardamos.

—Bueno, vale. Pues aquí mismo las dejo —digo. Y las suelto todas en una de las copas.

Resulta que ni siquiera tengo todas las velas. De hecho, no sé de quién ha sido la idea de comprar treinta velas, porque son un montón.

Sea como sea, Lucía se encabezona. Se pone a buscar el resto de las velas hasta que las ha reunido todas, como quien caza pokémons. Son todas de colores diferentes. Se retuercen como culebrillas, pero son superchulas. Las verdes más que ninguna otra. La verdad es que, den buena o mala suerte, ahora tampoco quiero tirarlas.

—¡Veintiocho! —suelta Lucía.

Suelto una carcajada.

—¡Bingo!

Entre una risotada y la siguiente, encontramos las treinta. Recogemos la basura y la sacamos para que no se quede la cocina hecha un desastre. Después ponemos el lavavajillas y lo dejamos todo bien ordenadito.

Es martes 30, acabo de cumplir treinta años y mañana trabajo. Como todo el mundo, supongo. Bueno, de hecho, ya es miércoles, así que trabajo hoy, en unas horitas.

Me siento con Lucía en el sofá y me quejo un poco, casi por vicio, porque no quiero tener que madrugar. Es mi compañera de piso la que me recuerda que, si no madrugo y voy al gimnasio antes de sentarme delante de la pantalla, luego estoy insoportable. Y, aunque tiene razón, protesto hasta que nos reímos otra vez.

Una vez en la cama, solo tengo un momento antes de quedarme dormida y lo uso para calcular la diferencia horaria ente Madrid y Delhi. Emilio va cuatro horas por delante de mí y debe de estar pasándolo mal para dormir.

«Buenas noches», le escribo.

Me acurruco, cierro los ojos y lo siguiente que sé es que tengo que haber dormido en la peor postura jamás diseñada.

Amanece en mi rincón de mundo. Gruño como una bestia, con los ojos cerrados delante del mármol de la cocina. Tamborileo los dedos sobre la encimera mientras Lucía camina por el pasillo. Le doy los buenos días. Me los devuelve. Se los escribo a Emilio, que debe de estar a punto de comer.

Desayuno en algún momento entre vestirme y preparar la bolsa del gimnasio, aunque no tengo mucho apetito después de la jarana de la noche anterior.

—Pues sí que te pesan los años —bromea Lucía.

Le doy un caderazo amistoso y le pellizco el costado.

—Te voy a dar yo a ti, los años...

«No me pesan», pienso. De hecho, una vez sentada en la bici, en esa clase que se ha convertido en mi segunda casa, siento que podría llevar el peso del mundo si quisiera. Pedaleo. Me incorporo, bajo el cuerpo. Este responde con inmediatez, al ritmo de la música. La instructora me llama por mi nombre. Dice que, si quiero, la próxima clase la puedo dar yo. Suelto una carcajada, empapada, y me ruborizo hasta la raíz del pelo.

Las cosas parecen ahora mucho más fáciles de lo que lo eran cuando llegué a Madrid.

Supongo que a todo el mundo le queda grande la vida, a veces. Sobre todo en momentos tan significativos como mudarse, empezar a estudiar en la universidad, hacer un Erasmus o conseguir tu primer trabajo.

Todas esas cosas tienen que pasar. Tienes que vivirlas en el momento en el que te toca vivirlas, sin más preámbulos o dolores de cabeza. Todo son etapas: los quince, los dieciocho, los veintitrés, los treinta. Mentiría si dijera que no dejo de pensar en qué vendrá ahora o de qué manera, pero lo cierto es que no me da nada de vértigo descubrir qué me depara esta nueva época de mi vida.

Tengo unas ganas tremendas de descubrirlo.

Después del gimnasio, llego algo justa de tiempo a casa. Me tiro sobre la silla, que rueda hasta el escritorio. Es mucho más cómoda que la que tenía antes y, aunque aun así me duele la espalda de pasar tantas horas delante de la pantalla, me duele mucho menos. Tiene un cojincito para la cabeza y todo. Tenía muy buenas *reviews* en la página en la que la compré.

Así empieza mi jornada laboral: me recojo el pelo, me pongo las gafas y espero a que suene la campanita del microondas.

Mientras, aprovecho para encender el ordenador y abrir todos los programas. Organizo el espacio del escritorio: botella de agua, teléfono móvil, la agenda. Me pongo a pasar las páginas y los ojos se me van hacia los días de vacaciones y todo lo que tengo por delante estos meses: la vuelta de Emilio, el viaje a Londres, cuatro bodas, alguna que otra salida de cuentas, ¡uf!

—Viene el verano fuerte, ¡tú! —digo en voz alta. Y es estúpido, porque nadie me oye, pero lo hago igual.

Una de las cosas buenas de que Lucía esté fuera toda la mañana es que puedo hablar sola sin que nadie piense que he perdido la cabeza. Hablo sola y en voz alta. Me animo, y todo.

Digo cosas como: «¡Belén, hija! ¡Ponte recta!» o «Ahora vamos a llamar por teléfono y si no nos lo cogen a la primera, ya nos hacemos un picoteo rico y probamos luego, ¿vale? Tú aguanta, Belén, no te estreses…».

De hecho, muchas veces picoteo mientras camino pasillo arriba y abajo. Mal vicio, pero mi vicio. Peores cosas hay, ¿verdad? Y si me ayuda a dejar de fumar, pues mejor. La verdad es que me gustaría poder dejar de fumar tanto: se me va el dinero y la salud en ello. De ahí que ahora las nueces y los palitos de pan sean mis mejores amigos.

Bostezo. Le echo un vistazo a la bandeja de mails y vuelvo a levantarme cuando el microondas canta al fin. Compramos uno con música y resulta la mar de simpático.

—¡Ya voy! —le contesto.

Así le hago frente a la jornada, con el saco térmico de semillas sobre los hombros, paciencia y una dosis extra de nueces. Por si acaso.

Y esta es mi vida, pienso.

La que tengo y la que quiero, ni más ni menos: mi Emilio, mis clases de *spinning*, mi trabajo, mis amigas, mis pequeños planes y caprichos. ¿Y qué más podría querer? ¡Qué tontos son los cumpleaños, te hacen pensar demasiado!

Cuando vuelve del trabajo, Lucía trae consigo una caja para guardar las velas. Dice que la ha comprado en una tiendecita del barrio, de camino a casa. Es bien fea, así que la escondemos en uno de los armarios de la cocina y nos reímos cada vez que lo abrimos.

Aunque podríamos, no compramos otra.

Si esta es ahora nuestra caja de las velas, es nuestra y la queremos tal y como es.

A pesar de.

2

El tiempo vuela. De verdad. Antes de que pueda darme cuenta, Emi ha vuelto de su viaje de negocios y volvemos a estar tirados en la cama, riendo.

No sé ni quién ha elegido la película de hoy. Solo sé que ha sido mala de narices. Entre risa y risa, chasqueo la lengua. Me limpio las lágrimas por el borde de las gafas y aparto la mirada de Emi para ver si puedo parar de reír de una vez. Él me busca, entre risillas.

Le aparto la cara con la mano abierta.

—¡Oye! —se queja.

—No, es que al final me ahogo, ¡tanta risa! Déjame. Un segundo, por favor. Ay, madre…

—Bueno, todo fuera eso. —Ríe.

—Ay.

Las risas al final se acaban, y menos mal. Me duelen hasta las costillas de reírme. Ese es probablemente el mejor dolor del mundo. ¿Tengo hipo? Es posible. Muy posible. Me deshincho y me acurruco a su lado, con un suspiro enorme.

Hay momentos en los que el cansancio llega como agua de mayo. Mi cuerpo sabe que está a salvo junto al suyo y por eso se relaja al instante.

Le echo un vistazo a Emi. Suspiro y apoyo bien la cabeza en la almohada. Nos ponemos los dos de costado para vernos mejor, y aunque sé que tengo las mejillas enrojecidas de reír, no me preocupa lo más mínimo.

La luz de la lamparita de noche es tenue y le moldea la cara con cuidado. Es el hombre más guapo del planeta. Le acaricio la barba suavemente, casi por vicio, y él se deja.

—¿Tienes ganas del concierto, Tini? —pregunta.

Sonrío, feliz.

—Ay, sí, pero más ganas tengo de ver a mi Anita. Que hace mucho que no la veo. ¡Y a mi Lola! Que ya le queda nada para ver a su bebé, ya tiene esa tripita… A ver cómo lo hacemos, tanto jaleo. Creo que al final vamos a coger un pisito en Córdoba para pasar la noche.

Cuando pienso en mis amigas de Sevilla, se me encoge siempre un poco el corazón. Aunque puedo ir y volver todo lo que quiera y más, al final a todas se nos come un trocito la vida. El trabajo, la familia… Pasan los meses y no nos vemos ni la mitad de lo que nos gustaría. O de lo que solíamos hacerlo.

Por suerte, hablamos todos los días: Mercedes, Lola, Anita, Marta y yo nunca nos perdemos la pista. De hecho, el concierto al que vamos este fin de semana es para celebrar la despedida de soltera de Anita, que se casa este 14 de julio.

Me muero de ganas de ir a su boda, de verla de blanco. A decir verdad, llevo todo el año pensando en bodas. Hablando de bodas. De las cuatro que tenemos este verano y a las que vamos a ir los dos juntos. Los vestidos, los viajes, las ganas que tengo de ver a mis amigas caminando hasta el altar con sus zapatos, con sus velos; sus ganas de decirle a todo el mundo que esta es su historia, que este es su amor.

Pienso en ello constantemente. En sus bodas y en las ganas que tengo yo, en realidad, de recorrer ese mismo pasillo hasta Emilio, que está ahora a punto de quedarse dormido.

Como mi mano, vamos, que no deja de hormiguear.

No le digo nada. Me quito las gafas y las dejo en la mesilla de noche, a mi izquierda, y trato de no reír al recordar el momento exacto en el que Emilio me pidió matrimonio.

En realidad, su pedida de mano es una obra en dos actos.

Apago la luz, suspiro y cierro los ojos con fuerza, intentando controlar la risa. Me cubro la boca con la mano para no despertarle y rozo el dichoso anillo con los labios sin querer.

Me quedo dormida pensando en nuestra historia.

3

Nos conocimos un verano en Menorca. Era una de esas noches. Una noche cualquiera, de esas en las que sales de fiesta sin pensar siquiera a dónde. Un bar, el otro, el que sea. Sandalias, vestidos vaporosos, el olor a sal y la marca del moreno. Mis amigas y yo todavía estábamos en la habitación cuando vi que un viejo amigo de Sevilla, de esos de toda la vida, estaba por la isla.

Entre una tontería y la siguiente, sin comerlo ni beberlo, acabamos todos juntos y revueltos, a carcajada limpia en un bar. Sus amigos y las mías, charlando con un par de copas y la música a tope.

Emilio llegó el último.

De hecho, al parecer, tuvieron que insistirle para que saliera. Aun así, llegó a eso de las dos de la mañana, se sentó al otro lado de la mesa, junto a uno de sus amigos, y pidió una cerveza.

Al principio éramos nueve, luego seis, luego tres. Al cabo de un rato solo quedábamos nosotros dos en una esquina de la mesa, oteando el horizonte y supervisando a nuestros amigos, que bailaban en la improvisada pista de baile. Hablamos y hablamos y hablamos. Hablamos sin parar, y por encima de la música, hasta que se nos hizo la hora de cerrar.

Nuestros amigos empezaron a levantar el campamento poco a poco, y ambos rechazamos las ofertas para irnos. Primero él, luego yo. Así, hasta que nos vimos en la encerrona de admitir que queríamos seguir hablando. Se nos hizo tarde o muy temprano, no lo sé. Pero pronto nos dimos cuenta de que ninguno de los dos parecía querer irse.

Creo que por eso Emilio insistió en acompañarme a casa. Por eso mismo fue que yo lo enredé y fingí no saberme bien el camino, ¿verdad? Hubo una buena excusa, o un par de ellas.

Recuerdo el primer beso como si aún estuviera ocurriendo. Se me pone la piel de gallina de pensarlo. Nos recuerdo frente a la puerta, él con el pelo encrespado y su cara afeitada.

—Ojalá pudiera llevarte al faro ahora —dijo él—. Quedarnos allí hasta que amanezca.

—¿Y por qué no? —respondí.

Él dio un pequeño puntapié al aire y metió las manos en los bolsillos de sus pantalones de lino.

—Hoy es mi último día en la isla.

—¿Cómo?

El corazón me latía con fuerza. Me dio un poco de rabia, supongo, pensar que me quedaba sin mi amanecer. Sin el tercer o el cuarto beso bajo la puerta de entrada.

—Me voy mañana a Italia. A Ravena, tres meses —confesó—. Por trabajo.

Intenté que pareciera que me daba igual, no sé por qué. Quizá no quise que él pensara que me estaba adelantando a algo. Solo habían sido un par de besos, después de todo. Por eso hinché el pecho y me encogí de hombros.

Aunque solo fuera para derretirme al segundo, claro.

—¿Nos vemos a la vuelta? —Emilio puso ojos de cachorrillo.

«Ah, ahí está», pensé. Justo cuando creía que mi noche se estrellaba, Emilio volvió a poner todas las estrellas en su sitio.

Me hice la valiente otra vez.

—Dame tu número.

Emilio se puso del color de las paredes y yo pensé que iba a perder la cabeza.

—¿Qué pasa? —insistí—. Dame tu número, y yo te llamo para que tengas el mío.

—Verás, Belén... —empezó—. Es que no sé si te va a servir llamar. No te lo vas a creer. Voy a quedar como un capullo, o un tonto, pero te juro que todo lo que te voy a decir es verdad.

—A ver, prueba.

—Se me ha caído esta mañana el móvil al agua —dijo—. Está *caput*. Lo tengo en arroz. Ni siquiera lo llevo encima. —Hizo la tontería de enseñarme sus bolsillos vacíos—. Voy a tener que comprarme otro por la mañana, tengo que coger un vuelo a las ocho y...

La brisa del mar soltó una risilla, atrapando a Emilio frente a la puerta de mi casa. En retrospectiva, no tengo ni idea de cómo llegó a coger ese vuelo.

—Es broma.

—Que no, te lo juro.

—No hace falta que me mientas si no me quieres volver a ver —le solté, algo abochornada—. Que no me duele el orgullo, o lo que sea. Vamos, faltaría más.

—No seas así —dijo él. Me cogió la mano con cuidado, me buscó la cara—. Quiero volverte a ver. ¿Tú quieres que nos veamos cuando vuelva?

No sé por qué lo hice, pero doy gracias a Dios todos los días porque me diera por ceder. Saqué mi teléfono y se lo ofrecí.

—Síguete en Instagram —le propuse—. Cuando tengas internet, o lo que sea, ya te apañas tú si quieres volver a verme.

Le vi teclear con ganas, dar al botón y sonreír otra vez. Mentiría si dijera que no comprobé que la cuenta era suya antes de bloquear la pantalla del teléfono, pero le vi mirarme con el mismo rubor que sentía yo correteando por mis mejillas y decidí creer en lo que estaba ocurriendo.

Por si acaso, volví a besarle antes de darle las buenas noches.

Cuando me metí en la cama, lo hice con la convicción de que escribiría. No sé por qué. No tenía ni una sola razón para creer que ocurriría.

Tras aquella primera noche, Emilio era poco más que un trazo, una nueva silueta en mis recuerdos de ese verano.

Y, sin embargo, me quedé atrapada en el camino de vuelta a casa, en las risas, en las miradas y en que me había besado de una forma en la que nadie me había besado antes. Supongo que cuando te das cuenta, no hay vuelta atrás.

—¡Bueno! —dijo una de mis amigas por la mañana. Me golpeó la rodilla al sentarse a la mesa del desayuno—. Anoche ¿qué?, ¿eh?

Le saqué la lengua.

—Ya ves tú —respondí.

Me intenté hacer la indiferente, pero la verdad es que no solté el teléfono hasta que vi el mensaje.

Emilio escribió desde el mismo aeropuerto, al aterrizar. Me mandó un emoji del amanecer y un corazón, cosa que puede sonar tonta, pero me pareció muy significativa. Me hizo percatarme de que no me había equivocado al darle esa oportunidad al chico del bar.

—¡La cara de Belén, chicas!

—Lo sabía, ¡lo sabía!

—¿Cómo se llama?

Entre el griterío, le contesté con los mismos emojis y el corazón encogido.

Fue como si nuestro chat se hubiera transformado en aquel pequeño bar, y hablamos y hablamos y hablamos. Otra vez. Todos los días. Más allá de verano, e incluso de vuelta en Madrid. De pie frente a la cafetera, sonreí con cada una de las pequeñas notificaciones. Durante meses, nos dimos los buenos días y las buenas noches. Solo dejamos el móvil a un lado cuando volvimos a encontrarnos en diciembre.

Volvimos a vernos en Madrid.

La primera noche, los dos estábamos tiesos como pinos. Nos sentamos en un restaurante como si se nos hubiera olvidado cómo mirarnos.

—Oye —dijo Emilio, siempre dispuesto a pillarme por sorpresa—, tengo una pregunta.

—Dime.

—Tú habías estado en Menorca antes, ¿no?

—Sí, claro. Si estuve trabajando por allí un tiempo y todo. Tú también, ¿no?

—Sí, sí —respondió, algo más tímido—. Es que sigo pensando en que es casi imposible que no coincidiéramos antes, ¿no?

Me encogí de hombros.

—Supongo que tenía que ocurrir así.

Y DE ESO HACE YA CASI TRES DICIEMBRES. Hemos tenido nuestros viajes, nuestras cenas y nuestros findes de caminar, y caminar, y caminar.

A veces estamos en la misma habitación y nos damos cuenta de que ya queda poco que nos podamos contar, aunque nos muramos de ganas de seguir hablando. Resulta tonto el hablar por hablar o el sonreírse de lado a lado de la habitación. Pensaba que era algo de las películas, o que se nos iba a pasar, lo de estar enganchados como lapas. Pero no.

De hecho, incluso he aprendido que a veces hablamos sin hacerlo, y eso me ha hecho la vida mucho más fácil.

No todo se dice solo con palabras.

Hubo un momento en el que pensé que la magia se nos estaba despistando. Pensé que se nos acababa esa primera chispa: Emilio iba a la suya y yo a la mía; quizá no siempre juntos, aunque nunca separados. No vivíamos juntos, teníamos cocinas distintas. Los dos queríamos tener un hogar, pero estábamos constantemente en estaciones opuestas, ya fuera por trabajo o por familia.

Pensé que estábamos a punto de estrellarnos.

Es algo raro de explicar. A veces te preparas para cosas para las que no es necesario prepararte. Nadie ha estado jamás preparado para que le partan el corazón, pero, después de algún que otro tropiezo, creo que aprendemos a ponernos la armadura aunque sea por partes.

Llegó febrero, sentí un poco de vértigo, y me preocupé. Sin embargo, en lugar de insistir y preguntarle si todo estaba bien, opté por confiar en que era solo una sensación. Opté por darle la mano si me apetecía. Opté por darle un apretón, dedicarle una sonrisa o pedir un beso si era lo que quería.

Una tarde, me quedé con su perro, Google. Me encargué de todo para que él pudiera hacer lo que su madre le había pedido. Incluso lo saqué a pasear cuando me dijo que se estaba alargando el asunto.

En un momento de confidencia, en lugar de insistirle a Emilio, le pregunté a mi nuevo mejor amigo. Cogí la cabeza del perro entre mis manos y le miré a los ojos. Lo escuché jadear y le pregunté si su dueño le había contado qué leches le estaba pasando.

Al parecer, él tampoco tenía ni idea.

—Pues ya nos lo dirá, ¿no?

El animal ladeó la cabeza, sin preocupación alguna.

—Ya, si ya lo sé, guapo.

Me dije a mí misma que si Google no estaba preocupado, yo tampoco.

Cogí aire y confié.

Volvimos juntos a Menorca esa misma Semana Santa. Esta pasada Semana Santa. Supongo que porque ambos creímos que tenía algo de mágico regresar al lugar en el que nos habíamos conocido. Nada podría haberme hecho más ilusión que regresar juntos a esas calles, a esas playas.

Puede que no nos enamoráramos allí, sino en la distancia, pero siempre pensaré en la isla como el lugar que nos juntó.

Fuimos porque nos venía bien un poco de sorpresa. Emilio lo propuso y yo me lancé de cabeza. Creo que también fuimos así, de improviso, porque ambos necesitábamos el respiro. Pensé que el momento de paz me vendría genial y que me ayudaría a dejar de pensar demasiado en cosas que realmente no tenían importancia.

Estaba algo estresada por las exigencias del trabajo, las horas frente a la pantalla, la rutina y una especie de incomodidad rara. No tenía miedo a estancarme, pero vivía una de esas épocas en las que sabes que necesitas desconectar. Yo pensaba que Emilio se sentía igual y, sin querer entrar en detalles o reflexiones eternas, me subí al avión con él y decidí dejarlo todo aunque fuera solo por un fin de semana.

—¿Te apetece ir al faro?

Creo que estaba en la ducha, o al menos en el baño. Sé que me estaba preparando, aunque no sé bien para qué.

—Hombre, claro.

—Así vemos la puesta de sol, y eso.

—Ay, sí.

Cuando asomé la cabeza al pasillo, le vi de pie junto a la cómoda. Vi que guardaba algo, pero no dije nada. En su lugar, sonreí y le pregunté si quería cenar en algún lugar especial.

—Bueno…

—¿Lo decidimos de vuelta?

—Damos un paseo, si quieres, y miramos en qué sitio queremos pararnos —soltó Emilio, ágil.

Nos sentamos junto al faro de Cavalleria, como alguna que otra vez. Emilio me tendió una cerveza para celebrar el día. El viento soplaba. Más allá, las olas seguían cantando la misma canción de siempre, sin cansarse. A esa hora ya casi no quedaban veleros.

Estábamos solos nosotros tres: el atardecer, Emilio y yo.

—¿Belén?

Cuando me volví a verle, estaba hincando una rodilla en el suelo. El mundo entero empezó a girar muy rápido.

No me lo vi venir.

—Ay, madre.

—Belén —repitió, más serio—. Quiero estar contigo siempre. Para siempre. Y sé que no quiero esperar más, porque nunca sabes qué va a pasar. Venga viento, vengan malas rachas, vengan…

—¡Emilio!

Creo que le interrumpí y, en el fondo, me lo agradeció. Parecía contenerse, buscar la manera de no aparentar lo nervioso que estaba en realidad.

—Belén Domínguez Blanca, ¿quieres casarte conmigo?

Recuerdo que me temblaban las manos. Que no sabía dónde meterme. También recuerdo la emoción y cómo cayó de golpe cuando vi que lo que Emilio tenía en la mano era uno de los pendientes que yo había llevado la tarde anterior.

Recordé haberlo dejado en el pequeño joyero sobre la cómoda, junto a otras piezas de bisutería, y me quedé a cuadros.

—¿Qué se supone que es eso? —Reí.

Emilio insistió, buscándome los ojos.

—Pero ¿quieres?

Apreté los labios, aguantándome la carcajada.

—Sí, Emi, pero ¡eso es un pendiente, no un anillo! —objeté.

—Ah, ¿sí? Mira, yo qué sé —siguió, nervioso—. Es que ya no aguantaba más. No sabía qué anillo cogerte, no sabía cómo o cuándo, y hoy…

Me eché a reír. Le ayudé a sentarse de nuevo en el banco conmigo. Lo besé hasta que al sol le dio vergüenza y nos dejó a solas. Y, por supuesto, le dije que sí.

—Pero esto no cuenta, ¿eh? —advertí.

—¿Qué?

—Que no cuenta sin el anillo —le dije, con un dedo alzado—. Ahora ya sabes que sí quiero. Es más, sabes que me muero de ganas de pasar la vida contigo. Pero una cosa te voy a decir, guapo: de esta no te escapas así como así.

—Ah, ¿no?

—Quiero que me lo pidas bien, con el anillo y con todo, Emilio.

Hinchó las mejillas y resopló. Por cómo accedió, supe al momento que no me arrepentiría jamás de aquella primera noche, o de ninguna otra.

—Bueno, vale —accedió—. Joder, Belén. ¿Tú sabías que los anillos tienen tallas? Te he intentado medir el dedo treinta veces, pero es que era descarado ya.

—¡Pues habérselo pedido a Lucía, Emilio…!

—Joder. Ni lo pensé… Ay, Bel, ¡si yo te contara la bronca que me pegó mi madre con lo de la talla…!

Me eché a reír otra vez, borracha de amor.

TARDÓ UNA QUINCENA, NO MÁS. Recuerdo que estábamos en Madrid viendo una película en mi habitación. Igual que hoy, el día era uno cualquiera. ¿La película? Bueno, una un tanto regulera.

Al parecer, tenemos un gusto pésimo a la hora de elegirlas.

Emilio entró en pijama, con el pelo mojado después de la ducha y un papel en la mano. No hubo aviso previo. No hubo forma alguna de prepararme. Parece que la vida tiene ese hábito conmigo.

Pum.

—Ay, madre.

—Belén —empezó a leer.

—¡Espera!

Salté de la cama en busca de las gafas. No veía tres en un burro. Emilio era un borrón. Casi me abro la cabeza con la mesilla de noche al volver a tirarme a la cama. Le miré la boca, las manos, traté de no reírme de mí misma por estar al borde del llanto. Sentada sobre el nórdico, mal peinada, en pijama y con las piernas cruzadas, intenté escuchar las palabras de Emilio.

No distinguí ni una sola de ellas aunque las entendiera todas como si fueran mías.

—Y por este y tantos otros motivos —dijo Emilio—, ¿quieres casarte conmigo?

Bien pensado, no me sirvió de nada conseguir las gafas, porque igualmente no vi nada por culpa de las lágrimas.

—¡Por supuesto que sí! —le contesté—. Claro que quiero. Sí, sí, ¡y mil veces sí!

Nos abrazamos, nos tiramos en la cama. Le besé la sien, miré el anillo, y hablé y hablé aún más con él. Dejé que me contara cómo lo había elegido y por qué y, cuando cayó rendido de puro cansancio, me quedé un rato mirándolo.

Muchas veces pienso en qué hubiera ocurrido si aquella primera noche en la que nos conocimos Emilio hubiera decidido quedarse en su habitación. ¿Qué hubiera sido de mí, si él no hubiera aparecido? Habría sido una noche más, ¿verdad? ¿Y si no hubiéramos salido esa noche? ¿Habría ido Emilio a ese bar? ¿Habría encontrado a otra muchacha? ¿Y yo? ¿Podría haber encontrado a otro chico?

Son preguntas tontas. Preguntas sin sentido. La realidad es que no ocurrió así, y por eso mismo lo tengo ahora conmigo.

Si algo he aprendido en esta vida es que las cosas ocurren siempre cuando menos las esperas.

Nunca pensé que llegaría a los treinta años así, que tendría mi vida con alguien como él. Hoy por hoy, el peso del anillo en el dedo correcto todavía me hace sentir como una chiquilla con zapatos nuevos.

4

SUPONGO QUE ES LO QUE TIENE HACERSE MAYOR. Con veinte años, un concierto de hora y media te deja con ganas de más. Con ganas de fiesta, garbeos y risas en la barra de un bar. Y, aunque ganas no me faltan, creo que hoy sí que me sobra un poco de cansancio.

Achaco la paliza al trabajo, al consecuente viaje en tren y a la visita al fisio. Me ha llevado mi padre, que dice que ando encogida de un lado. Como me han recetado unos antiinflamatorios para la contractura del cuello, no quiero beber. Aunque estén ayudando, el dolor no ha desaparecido y, de hecho, creo que en cuanto salimos de la sala del concierto, se hace un poco más punzante.

El concierto ha sido genial, por cierto. Ha sido increíble. Hacía siglos que no lo pasaba tan bien. Sin embargo, a estas horas de la noche ya no solo me duele el cuello: me duelen la espalda, la cadera y hasta las manos. De nuevo, tal y como le he dicho al fisio, se me duerme la mano izquierda constantemente.

La abro y la cierro. Intento despertarla, pero no lo consigo. Hormiguea. Solo hormiguea.

—Chicas, yo creo que me vuelvo con Lola y os veo para desayunar, ¿vale? —anuncio.

Lola apoya su cabeza en la mía, agarrada de mi brazo. Se lo he comentado antes de entrar, porque quería saber qué iba a hacer ella. Como está embarazada, ha dicho que se lo tomaba con calma, y me parece que su plan encaja con lo que necesito ahora mismo: volver al piso que hemos alquilado para pasar la noche y dormir.

—¿De verdad?

—Ay, Belén… —suelta Anita, con un puchero—. Pero ¿no te encuentras bien?

—No estoy muy fina, no.

—Qué rabia. —Marta me coge la cara con cuidado—. ¿Y si te tomas algo, y vamos más de tranquis?

—Si ya ves que no vamos a hacer tampoco mucho…

Mercedes me coge la mano, me da un pequeño apretón. El gesto dispara un montón de pinchazos. ¡Agh, sigue dormida!

—No, chicas. Si es que además me estoy tomando antiinflamatorios. Anita, nenas, pasadlo bien —les digo.

—Yo me la llevo y la cuido un ratito —afirma Lola, que es la que nos ha traído en coche—. Te das una ducha calentita, a ver si así te ayuda.

No es mala idea. Siempre es de ayuda. Desde que empecé con las dichosas contracturas recurrentes, las duchas calientes son mi remedio más cómodo y simple. Aunque tengo que admitir que ya está empezando a agobiarme que no haya manera de librarme de ellas. A veces parece que estoy mejor y ¡pum!, vuelve.

He probado de todo: masajes, fisios, la silla que compré, el reposacabezas, cambié la almohada de la cama e incluso me he planteado comprar un colchón nuevo. Me da rabia porque, de hecho, cuando decidí apuntarme al gimnasio y a *spinning*, lo hice pensando en que necesitaba prestarle un poco más de atención a mi cuerpo.

Nada me hace sentir tan bien como ir a clase de *spinning* y, sin embargo, ni siquiera esa felicidad me ayuda a librarme de la dichosa contractura.

—Pero ¿te aprietan mucho en el trabajo? —pregunta Lola.

—A ver, lo normal. Pero estoy bien.

—Es que igual es por estrés, ¿sabes?

Eso creo yo. «Será que son demasiadas horas en una silla», pienso, ya de vuelta a Córdoba.

—Pero ¿has ido al médico, mi amor? —insiste.

Lo cierto es que no. Aún no, vamos. Pero a este paso, no me va a quedar más remedio, ¿verdad?

Lola y yo llegamos al piso. Ella se pone el pijama mientras yo me doy una ducha. Tardo una eternidad en secarme el pelo porque se me cansan los brazos, pero me las apaño. Con renovadas energías, salgo del pequeño baño con una sonrisa.

Mi Lola se ha sentado en el sofá, con una manta, y tengo una taza de leche caliente esperándome en la mesita que hay frente a ella. Sonríe y palmea el cojín para que me siente a su lado, y eso hago.

La noche podría terminar ahí. Podría ser un momento de paz entre nosotras dos, charlando sobre Emilio y sobre las virguerías del embarazo. Podríamos ser Lola y yo, con nuestras tazas de leche y poco más, pero la contractura regresa con fuerza y, a las seis de la mañana, Lola me mete en el coche y me obliga a ir a urgencias.

Bromeo y le digo que le está saliendo ya la vena de madre, aunque la ha tenido siempre. Ella se ríe también, aunque solo sea un poco, y me frota el brazo, ya sentadas en la sala de espera de las urgencias de Sevilla.

Mi padre llega al poco, para hacer el relevo. Tardan un buen rato en atendernos y yo, cabezona, solo pienso en el chasco que supone para todo el mundo. Mis amigas llenan el grupo de WhatsApp de mensajes de cariño y, aunque hacen que me sienta mejor, me da un poco de rabia que la despedida de soltera de Anita se tenga que chafar por mi culpa.

Casi a las nueve de la mañana y sin haber dormido ni un minuto, los doctores de urgencias me hacen una radiografía. Creo que es pasarse un poco, y me parece una forma terrible de terminar una despedida de soltera, pero me dejo hacer. Mientras llegue a tiempo a coger el AVE de vuelta, que hagan lo que tengan que hacer. Y si me dicen qué me tengo que tomar para arreglar esto de una vez, mejor que mejor.

Ellos saben más que yo.

—Mira, Belén. —Un doctor me muestra el resultado. Señala una zona con el lápiz. Mi columna. Bueno, mi nuca—. ¿Ves esto de aquí? Parece ser que la contractura podría haberte rectificado la columna.

«Ay madre», pienso. Mi padre abre mucho los ojos, sorprendido.

—Pero si ayer mismo me dieron un masaje.

—No, y tiene sentido porque el área está hinchada —explica—. Te estabas tomando antiinflamatorios, ¿verdad?

—Sí, sí.

—Claro, y ya te veo que vas un pelín encogida porque te duele. Pero es que es una burrada. Es normal que te duela. Lo raro es que no te duela más.

—¿Y entonces?

—Mira, te voy a recetar algo un poco más fuerte, ¿te parece? —Teclea en la pantalla—. Son unos calmantes, para que al menos no te duela tanto y estés tranquila. Tú vives en Madrid, ¿verdad?

—Sí.

—Pues en cuanto salgas por esta puerta, te pides hora para el médico, ¿OK? Y que te lo mire bien, a ver si es la contractura o si pudiera ser otra cosa. Y ten cuidado, ¿vale?

—Vale.

Mi padre me acompaña a hacer la ronda: me lleva a la farmacia, me invita a desayunar en un bar justo al lado, me lleva a recoger la maleta que me traje y después me despide en la estación. Les hago un resumen a mis amigas, ya sentada en el tren, y le repito la historia a mi madre por teléfono.

Cuando llego a casa ese domingo, me siento en el sofá y le vuelvo a explicar la historia a Lucía también, de pe a pa. Suspiro, acomodada en el sofá a merced de esta extraña contractura de mierda que me ha fastidiado el fin de semana.

—Pediré hora para el lunes que viene, a ver qué me dicen.

—Igual te tendrías que quedar —me contesta.

Oh, no. Me niego a que esto me fastidie otro viaje más. Además, ahora estoy más cómoda. Parece que la medicina está funcionando.

—No te apures. Si es que no quiero —admito—. Para una cosa que hacemos y en la que puedo ver a la gente del trabajo, ¡que es en Londres! ¿Cómo no voy a ir?

—Ya, Belén, tía, pero, oye... Es que si estás mala, estás mala.

—No estoy mala cuando lo estoy, que estoy aquí moqueando, voy a estar mala para perderme el viaje chulo. Encima una contractura. Habré tenido quinientas, y me tiene que venir a molestar justo ahora.

—Aish. Bueno, mira, si te han dado la medicación, y te ayuda, igual sí se te va en unos días. Pero lo de la columna... Uf.

—Eso pienso yo. Igual es un poco exagerado. —Suspiro—. Mira, yo voy a Londres y punto. Me lo tomo con calma, me tomo la medicación, y no tiene que pasar nada.

En el fondo, ya estoy un poco mejor. Es solo que me da coraje.

Lucía se ríe.

—Es solo que me da coraje —me imita.

Le lanzo un cojín.

5

En cuanto me levanto, desayuno, me tomo la medicina y me voy a *spinning*. Punto. Con la medicación que me dieron, la contractura me da tregua y tengo un día de lo más normal. Vuelvo de *spinning*, paso un ratito de la jornada laboral dando vueltas en mi silla como si fuera una peonza, charlo con Emilio por teléfono un rato y cierro las tareas de la semana para prepararme para el congreso en Londres. Cuando acabo la jornada, hago la maleta para el día siguiente.

No es hasta media tarde que empieza a dolerme otra vez. Emilio me insiste en que no vaya, que no lo voy a pasar bien, y me dice que coja cita con el médico en vez de eso, pero yo no quiero.

No me lo quiero perder.

Siempre es cuestión de aguantar un pelín más. Lo he hecho mil veces. Nada me paró cuando pensaba que iba a suspenderlo todo y me tiré las noches en la biblioteca, ¿no? Me esfuerzo, aguanto. Esa soy yo. Si no me paró la distancia y lo grande que se me hacía Madrid cuando llegué, ¿cómo voy a dejar que me pare esto ahora?

Es solo una estúpida contractura.

No lo hace. O no se lo permito. Embarco en el avión, subo mi propia maleta y dejo que el latigazo de dolor se relaje cuando me siento. Me pongo el cinturón, cierro los ojos y me voy a Londres.

Cuando llegamos y por fin estamos todos juntos, creo que la cosa empieza a írseme de las manos. Suelto el aire antes de tiempo, creo. Quizá he sido un poco ingenua al pensar que podía con todo yo sola, o que las cosas podían sostenerse porque sí. Porque yo quería.

Mi jefe me saluda y, cuando me ve la cara tras estrecharme la mano, se muestra preocupado. Insiste, así que le cuento lo de los dolores y lo de urgencias. No se lo digo porque quiera darle pena, sino porque necesito que entienda que quizá prefiero ir a sentarme un rato o descansar a la habitación.

En el momento en el que le confieso que he estado a punto de no venir, enseguida me responde:

—Pídeme lo que necesites, Belén —dice, serio—. ¿Estás segura de que deberías estar trabajando?

El tono de su voz me cae como un jarro de agua fría.

—Sí. Si es solo eso —le contesto—. Que me duele un poco. Pero no te apures.

—Lo que necesites, tú nos dices.

Me aprieta el codo en un gesto enternecedor, pendiente de toda la gente que tiene ahora mismo a su cargo, pero en especial de mí. En cualquier otro momento, el gesto me llenaría de candor. Me hace sentir que, si pasara cualquier cosa, estoy en buenas manos. No obstante, hoy no es solo eso. También me genera un agujero en el estómago.

¿Tan mal aspecto tengo?

En la habitación hay un espejo enorme y me veo bien. Posamos entre risitas tanto yo como las dos compañeras de trabajo con las que comparto habitación. Hacemos una foto que acaba subida en redes.

Dejamos las maletas junto a nuestras respectivas camas.

Me hace una ilusión terrible estar con ellas ahora mismo. Por fin puedo ponerles cara a las dos personas con las que hablo constantemente por mail. Igual suena raro, pero me emociona mucho oír sus voces.

Charlamos un ratillo en la habitación y, al final, alargamos la charla tanto que se nos hace la hora de la cena, y la de dormir. Antes de acostarme, le dejo un mensajito a Emilio y le digo que estoy bien. Le insisto en que no se preocupe, y le prometo que pediré la cita para ir a ver al médico en ese mismo momento.

Me quedo dormida y se me olvida.

Al día siguiente, nos tiramos el miércoles entero de congreso, de pie entre el gentío. Comemos por ahí, algo tarde, pero respeto las horas de la medicación. Me despisto un poco con los calmantes, pero en cuanto empiezan a hacer efecto, me siento un pelín mejor.

El problema es que es solo «un pelín». El cuello me duele horrores, la mano se me duerme y me pesa el brazo. Tengo los dedos de los pies helados y me estoy agobiando porque, aunque parezca ridículo, aquí estamos todos hablando en inglés.

Ninguna de las voces es familiar, y se suman todas entre sí para crear un bullicio más que abrumador.

Me muevo entre la gente con cuidado, pero siento que cualquier paso que doy recibe la resistencia equivalente a intentar entrar en el agua un día de oleaje fuerte.

Después del congreso, viene la celebración. El plan siempre ha estado ahí, de fondo: la bolera. Mis compañeras se ponen en marcha y yo, con el corazón roto, asumo que no voy a poder ir. Les digo que no me veo con la fuerza para coger una bola que pesa un porrón y tirarla unas quince veces delante de todo el mundo del trabajo sin retorcerme de dolor. De hecho, quiero irme a descansar ya, y por eso le digo a todo el mundo que me voy a quedar en la habitación.

Mi jefe se pasa un momento para asegurarse de que no me ocurre nada y de que, si necesito algo, se lo haga saber. Si es necesario, me dice, puedo adelantar el viaje de vuelta para ir al médico. Dice que está todo pagado, que no me preocupe por esas cosas.

A mí se me revuelve algo por dentro.

Desde ese primer momento en el que hablamos siento que sabe algo que yo no sé; siento que me está sentenciando o que, en parte, todo esto del viaje me está poniendo a prueba, y lo odio. Supongo que lo que realmente me pasa con él es que es la primera persona fuera de mi familia y amistades que parece alarmada. Lo está. Se lo veo en la cara. Pero ¿por qué se preocuparía nadie así por una contractura?

Ni siquiera me conoce lo suficiente como para estar tan preocupado, y eso me hace pensar que cabe la posibilidad de que tenga razón. Que puede que la que no se está preocupando lo suficiente soy yo. Hablar con él me hace pensar que he cometido un error, que puede que haya sido una ingenua y una temeraria al decidir venir.

Lo odio.

—Descansa mucho —me pide—, y no te preocupes, Belén. No hagas esfuerzos, ¿vale?

Le dejo un par de mensajes a Emilio, sin querer alarmarle más de lo que ya está, y le comento que existe la posibilidad de volverme antes si me encuentro peor. Le juro que no va a hacer falta y trato de hacer que se preocupe un poco menos.

Después me meto bajo el agua caliente, y la contractura insiste. Hace que ese sentimiento de culpabilidad o de vergüenza, no sé muy bien qué es, crezca y crezca. Juraría que me late la cabeza y todo.

Antes de irse, mis dos compañeras de habitación me dan sus números de teléfono para que las llame si necesito algo. Insisten en que tenga mucho cuidado y, aunque solo empeoran el nudo en mi garganta, también me ayudan a sentirme un poco menos desamparada.

Una de ellas me da un golpecito en los pies y me pide que duerma, que descanse y que recupere fuerzas.

Eso hago: tras dos duchas de agua caliente, la pastilla de la noche y pese al dolor, me quedo dormida.

El problema es que, cuando me despierto, no me puedo mover.

6

Ya no me queda vergüenza alguna.

En menos de diez horas, he tenido que pedir ayuda para desvestirme y volver a vestirme, he aceptado el ultimátum de mi jefe, que se ha gastado un pastizal para mandarme de vuelta a casa, y he retrasado casi una hora el embarque de ese mismo vuelo que, encima, hace escala en Madrid y luego sigue a no sé dónde. La vergüenza estará ya dando paso a otra cosa. No sé a qué. Supongo que a incredulidad, en parte.

Me vale cualquier cosa que no se asemeje demasiado al susto que llevo encima.

Llego al avión en silla de ruedas, abochornada. El dolor ha remitido, aunque solo sea por la medicación que me han dado. La azafata lleva mi maleta. Todo el mundo es amable y todo el mundo tiene cuidado. Incluso la última persona de la cola, que debe de estar enfadadísima, cambia la cara cuando me ve pasar con un collarín y hecha un cristo.

—¿Belén?

Cuando logro mover un poco el cuello, pese al dolor y gracias a la medicación, me topo con Jaime.

—¿Hola?

Si pudiera reír, lo haría. Algo similar a una risa debe de escapárseme, porque el muchacho con el que fui a la escuela se ríe conmigo en un vuelo de vuelta a Madrid.

Son las doce del mediodía de un jueves cualquiera. Hasta hace un par de horas parecía que el mundo se me venía encima, y ahora la coincidencia resulta tan ridícula que se me olvida todo de pronto.

Se me olvida que me he despertado esta mañana sin ser capaz de moverme. Se me olvidan el llanto, el miedo, el susto, la ayuda que he necesitado, la urgencia y todo lo demás. Solo veo a Jaime, que se las apaña para que le dejen subirme la maleta al portaequipajes y se queda cerca de mí aunque solo sea un par de segundos.

—¿Qué ha pasado?

—Una contractura, creo. No lo sé —le contesto, honesta—. Ni idea, Jaime. Pero me he levantado esta mañana que no me podía ni mover.

—Niña, ¿y qué hacías en Londres?

—Trabajar.

—¡Pues no te esfuerces tanto! —bromea.

Por increíble que parezca, ver a Jaime tras tantos años resulta reconfortante. Parece una señal y todo. Cuando el muchacho se vuelve a su asiento y el avión alza el vuelo, le pierdo la pista.

Aun así, su voz se queda conmigo.

Como ya no me queda vergüenza alguna, admito que me aferro al extraño sentimiento que haberme topado con él me genera. Somos mucha gente en el mundo, y todos vamos corriendo a todas partes como pollos sin cabeza. ¿Qué probabilidad había de que me encontrara con alguien de la escuela en un momento como este?

Es algo bueno, ¿verdad?

Tiene que serlo.

Pienso en cuando de pequeña me caía de bruces y me soplaba las rodillas y me digo a mí misma que esto es una extensión de aquello. Me digo que tengo que soplarme las rodillas un poco más, que en dos segundos viene la profe. Intento no llorar demasiado en el vuelo de vuelta, y lo consigo.

Cuando al fin pongo el pie —o las ruedas— en Madrid, Emilio está allí para recogerme. En el momento en el que le he llamado y le he contado todo, ha puesto toda su vida en pausa para venir a buscarme. Ahora me besa, me mira. Me coge la mano con cuidado, me sube en el coche y me dice que tenemos hora en la clínica más cercana al aeropuerto.

Una vez en el coche, es él mismo quien me pone el cinturón.

—¿Te duele mucho?

Ah, odio la cara que se le pone. No quiero verle preocupado jamás. ¡Lo que le faltaba, después de lo de Fonchu! Sé que está pensando en su mejor amigo, en el accidente. Es inevitable que le estén saltando todas las alarmas.

Quiero decirle que esto no tiene nada que ver con aquello, pero no sé cómo.

—Con la medicina estoy bien —digo. No es del todo cierto, pero no quiero exagerar y empeorar las cosas—. A ver si me dicen qué ha sido. Porque si es una contractura, menuda contractura…

Emilio conduce con cuidado y está pendiente tanto de mí como del tráfico. Ha dejado el teléfono guardado en su bolsillo, pero es lo primero que saca cuando aparca frente a la clínica. Marca un número y se asegura de que salgan a buscarme, para que no me cueste moverme; para que no tenga que preocuparme por nada.

Lo primero que ocurre es que me someten a una serie de pruebas. Todo sin explicarme muy bien por qué o para qué, pero confío en que es lo necesario para comprender qué me ocurre. De todas formas, estoy tan abrumada que no podría entender nada ni aunque me lo explicaran con pelos y señales. O con los Lunis de por medio.

Siento que me va a explotar la cabeza.

Intento levantar una mano si me lo piden. Me piden que levante también el pie. Les digo si me cuesta o, si no lo logro, por qué creo que es. Intento explicarme o hacerles entender qué es exactamente lo que se siente siendo Belén La Que No Se Puede Mover.

—Parece ser una especie de lesión medular —explica el doctor, y pone mala cara.

Emilio y yo nos miramos.

Sé poco de medicina porque hasta ahora he tenido suficiente suerte como para no tener que aprender más que lo necesario, pero todo el mundo sabe que la médula es lo que atraviesa la columna y da las órdenes a todos los órganos, ¿verdad?

Eso explicaría el dolor de cuello y espalda. También explica que se me duerma la mano, o que no despierte, vamos.

Intento abrirla y esta se resiste.

—Vamos a programar una resonancia para mañana —concluye.

Paso la noche en casa de Emilio, que me obliga a seguir a rajatabla las horas de los relajantes musculares que me recetan. Me mima todo lo que puede y más. Para sorpresa de nadie, no me echa la bronca por ir al viaje, aunque creo que debería.

He sido un poco imprudente, ¿verdad? Quizá, si me hubiera quedado en casa, nada de esto hubiera pasado. Pero, de nuevo, pienso en Jaime en el avión, pienso en mis compañeras de habitación y el estómago me recuerda que ya ha ocurrido.

Ha ocurrido así, y sus razones habrá.

Después de esto, pienso ir a la revisión médica. Si me resfrío, me pillo el día de baja. Si todo sale bien, voy a comportarme como una paciente modelo y no volver a quejarme jamás.

Lo siguiente que sé es que ya es viernes. Mis compañeros estarán volviendo a sus casas. Mientras, Emilio y yo acudimos a la cita para la resonancia con puntualidad británica.

Mientras ellos estarán deshaciendo las maletas, yo estoy tirada de espaldas en una camilla y con la cabeza colocada dentro de un dónut de proporciones gigantescas. La resonancia, dicen, nos servirá para comprobar si hay algo que no lograron detectar en Sevilla con la radiografía. Para eso y para comprobar los parámetros de la posible lesión.

El corazón me va a mil. Me han dicho que tengo que estarme muy quieta, así que intento que no se me mueva ni un pelo de la cabeza. Aguanto la respiración. Las luces se apagan. Sin embargo, justo antes de que empiece el proceso, la máquina se detiene.

Durante unos segundos, estoy sola y en silencio, sin entender nada. El corazón me late contra el pecho. ¿Pasa algo?

De la nada, la puerta se abre. Entra una enfermera que, aprisa, me entrega un papel y me pide que lo firme. Me dice que es necesario para empezar con la resonancia, que casi se le olvida.

No lo pienso dos veces y firmo tan buenamente como puedo. Hago todo y más para ayudar a los médicos a ayudarme a mí, aterrorizada por lo mucho que mi mano se resiste a sostener un bolígrafo.

7

LOS ENCARGADOS DE LA RESONANCIA CHASQUEAN LA LENGUA, alzan una y otra ceja, y nos comentan que sí, que es muy probable que lo que tengo me haya tocado la médula.

El doctor mira la pantalla de brazos cruzados.

—¿La contractura me ha tocado la médula, entonces?

—¿Es eso posible? —pregunta Emilio.

—Mira —explica el doctor—, la médula está tocada. Eso es así. Tienes una especie de lesión. Identificarlo todo es un proceso extenso. Esto que estamos haciendo tarda alrededor de cinco días o así, porque hay que mirarlo bien. No vamos a descartar nada de buenas a primeras tampoco.

El médico alza la vista y nuestros ojos se encuentran. Me pregunto si ve lo asustada que estoy.

—De todas maneras, y porque estáis preocupados, intentaremos mandártelo antes. Más que nada para que te quedes tranquila —dice al final—. Te ponemos la primera en la lista, a ver si de cara al fin de semana tenemos el resultado y ya podemos ver cómo arreglarlo.

Salimos de la clínica a las seis de la tarde, volvemos al piso de Emilio y nos sentamos en el sofá.

Seguimos en silencio. Llevamos en silencio todo el día. Google, el perro de Emilio, se acerca al sofá y me mira con sus enormes ojos negros. Intento acariciarle la cabeza con cuidado, pero no puedo.

El animal no se aparta de mí y parece preocupado.

Ni siquiera sé qué hacemos las horas que pasan entre la resonancia y la notificación. Todo lo que sé es que tengo el móvil en la mano cuando al fin llega el mail.

Con el pequeño mensaje de la clínica, en adjunto, un PDF.

Nada más.

—No lo entiendo —murmuro. Creo que se me rompe la voz—. Ay, se lee fatal. Por Dios...

Emilio intenta llamar a la clínica, pero han cerrado. Frustrado, trae su portátil y abre el archivo en su ordenador para que lo leamos. Aunque se ve mejor, no sabría decir si soy capaz de leerlo siquiera. De entenderlo. Se me empaña la vista. Aguanto la respiración mientras Emilio lee en voz alta e intenta traducirlo a algún idioma que podamos entender.

—Se lo voy a pasar a mis padres —propone—. Que se lo manden a sus amigos, que seguro que tienen amigos que saben más que nosotros. Y a Ramón también.

—¿Ramón?

—Sí, Ramón, que sé que ha tenido movidas de estas con lo del tenis —dice, asertivo—. Tú tranquila, Belén.

—Es que no lo entiendo.

No entiendo nada de lo que pone en ese papel. No entiendo las imágenes. No entiendo qué firmé. No entiendo por qué mi mano no responde. No entiendo por qué me duele el cuello y tampoco sé desde cuándo. No sé cómo demonios me he lesionado, y si habrá sido en *spinning*.

Me gusta el *spinning*.

Me encanta el *spinning*.

¿Puede ser que algo que adoro hasta la médula me esté jodiendo la médula? ¿Es eso lo que quieren decir? ¿He sido yo?

¿Es todo esto mi culpa? No tengo hambre. Debería haber ido al médico antes.

Tengo que comer para tomarme la medicación.

Emilio insiste y yo me esfuerzo.

Me duele el cuello. ¿Desde cuándo?

Si vuelvo la vista atrás, ni siquiera recuerdo cuándo compré el saco de semillas. O la silla. No sé si las contracturas podrían hacerme algo así. No tengo ni idea.

No lo entiendo.

No sé qué está pasando y tengo un miedo que me muero.

8

La noche se nos hace eterna a todos. Duermo un par de horas, poco más, pero canto victoria cuando casi logro vestirme sola por la mañana. Junto a la puerta, a eso de las once, Emilio me ayuda a pasar el brazo por la manga de la camisa con sumo cuidado.

En algún momento de la tarde anterior, alguien propuso que nos viéramos todos para tomar algo. Entre preguntar a amigos sobre el documento que nos mandaron y contarles lo ocurrido, accedimos. La idea era que no estuviéramos solos en casa comiéndonos la cabeza a la espera de cualquier noticia.

Emilio y yo aceptamos sin dudarlo.

Avanzo pasillo abajo, a trompicones. Me apoyo en la pared como buenamente puedo, con el collarín. Agacho la mirada: mis llaves, el bol de la entrada, mi bolso.

—¿Puedes?

Necesito sentir que sí.

—Puedo —respondo, y lo hago real a base de fuerza de voluntad.

Cojo el bolso y cojo las llaves. No quiero quedarme esperando. No puedo. Llamaré después para que me expliquen algo más, si no me han contestado al mail para entonces. O quizá lo haga Emilio, que hoy más que preocupado parece enfadado. Parece estar dispuesto a entrar en la clínica tanto si las puertas están abiertas como si no.

Nada de eso ocurre. En su lugar, asistimos a la cita con nuestros amigos. Es verlos y mi corazón se alegra. Parte del peso que siento en los pulmones se disipa.

Nos sentamos en un bar. Recibo un porrón de besos y abrazos cargados de cuidado y cariño. Intento contar la historia: el concierto, Londres, la clínica; bueno, el saco de semillas, la contractura, el concierto y luego Londres. No sé desde cuándo debería empezar, y me cuesta encontrarle sentido. En especial teniendo en cuenta que no sé lo que está ocurriendo. Por eso hablo sobre la lesión que no entendemos, y todo el mundo escucha, aunque solo le demos vueltas a algo que desconocemos por completo.

Yo soy la primera que quiere saber qué está pasando, o por qué. Quiero saber cuánto tiempo lleva esa herida ahí y por qué no cura. Debería, ¿verdad? ¿O no puede hacerlo? ¿Lo he empeorado?

Aunque la compañía sea agradable, la espera me está volviendo loca.

Todo el mundo está de acuerdo en que la clínica debería dar más explicaciones, así que al menos por ese lado siento que mi frustración está más que validada.

—Es que no hay que saber de medicina para necesitar al médico —dice el marido de Mercedes—. El médico que haga lo que necesite, pero que se comunique, ¿no?

—Claro. Es que ahora estoy yo aquí, muerta de miedo. Esperando a ver si me llaman.

—Totalmente. —Mercedes niega con la cabeza—. Y todavía tienes suerte de que conoces a gente que puede saber, pero ¡imagina! Imagina si no conocieras a nadie.

En un momento dado, el teléfono de Emilio se ilumina sobre la mesa. Le veo escribir un par de mensajes. Su cara cambia. Se endurece. Dice que un amigo de sus padres nos va a llamar en medio minuto.

No necesito que diga nada más. Entiendo lo que está pasando aunque no tengamos palabras para explicarlo.

Algo no va bien.

Emilio me ayuda a ponerme en pie y salir a la calle. Me coge de la mano con cuidado, me sujeta por la cintura y atiende a la pantalla. No hablamos de nada, pero creo que ambos estamos pensando en lo mismo.

Algo va mal.

De hecho, está yendo a peor.

El corazón se me va a salir por la boca.

El teléfono suena. Al otro lado de la plaza en la que está el bar hay un par de semáforos. Se ponen en rojo uno tras otro. Los coches se detienen y, por un momento, parece que Madrid entera aguanta la respiración conmigo.

Emilio descuelga.

—Hola, sí. Dime.

—Hola, muchacho. Mira, soy el amigo de tus padres. Te llamo porque ellos me han enseñado el documento que os han mandado desde la clínica de allí, de Madrid —empieza. Su voz se tiñe de un ruido raro, de un sentimiento que hace que nos salten todas las alarmas—. Si sigues en Madrid con Belén, coges y te la llevas al Ramón y Cajal ahora mismo.

—¿Al hospital?

—De urgencias.

Parpadeo tan rápido que creo que voy a salir volando. ¿Qué está ocurriendo?

—Pero ¿qué se ve? —pregunta Emilio—. ¿Qué significa?

—Con lo que se ve es más que suficiente para decirte que Belén tiene que ir al hospital ahora mismo —responde—. ¿Me oyes? Vais al hospital ahora mismo, ¿vale? Que la ingresen. Que os lo miren todo bien y que os expliquen. Ellos os van a ayudar más de lo que yo pueda hacer por teléfono.

—Pero ¿la lesión es grave, entonces?

—Emilio, hijo, necesito que os arméis de paciencia —dice—, porque lo que sea que tiene en la médula no es grave. Es más que grave. Sea lo que sea o cómo ha llegado hasta ahí, ahí no se puede quedar.

Cuando Emilio cuelga, sé que estoy de pie exactamente donde estaba. Es un hecho. Está la plaza. Están los coches. Aprieto los labios y controlo la respiración. El cielo sigue allí arriba, los semáforos se ponen en verde. Seguimos en Madrid, ¿no?

Aun así, yo siento que estoy en otro universo completamente.

Intento abrir y cerrar la mano, pero, aunque doy la orden, mi mano se niega. Me relamo los labios, nerviosa, y miro a Emilio, que se pone en marcha. Mercedes, que estaba dentro del bar, se asoma y le pregunta a Emilio qué ocurre. Ella me coge del brazo, me busca la cara. Emilio le contesta.

Yo, en mi ridículo espacio, ya tengo el móvil en la mano y no obedezco a nadie ni a nada.

No lo he hecho hasta ahora porque creía que no iba a hacer falta. Creía que todo era cuestión de aguantar. Pensaba que no haría falta alarmarles.

Les he dado detalles; todos y más. Pero se los he dado creyendo que serían anecdóticos. O queriendo creer que lo serían; que todo quedaría en nada, en algo de lo que hablar en Navidad.

Si todo esto me parecía un mal sueño hasta hace unas horas, ahora es más que una pesadilla. Sea lo que sea que está pasando, es tan real como el ruido de los coches, Madrid o el sol en el cielo.

Tan real como la voz de mi madre cuando me coge la llamada.

—¿Mamá? —Me tiembla la voz—. ¿Podéis venir?

Oigo ruido al otro lado. Imagino a mi padre poniéndose en pie. Creo que le oigo preguntar algo de fondo. Sé que estaban preparados, que se han ofrecido en varias ocasiones.

Yo no quería llamarlos, no quería que tuvieran que venir.

—Os voy a coger un tren, ¿vale?

—Vale, mi vida. ¿Estás con Emilio?

—Sí, está aquí conmigo. Dime a qué hora te viene bien, que os lo cojo yo desde la aplicación y…

—Coge el primero —dice—. Tú coge el primero que haya, que papá y yo vamos para la estación ahora mismo. Ya vamos, mi amor.

—Vale.

Me limpio las lágrimas de las mejillas y, ante la atenta mirada de Mercedes y Emilio, compro dos billetes en la app de Renfe. O lo intento. Es muy difícil escribir con una mano dormida y la pantalla empapada.

9

Se llaman Estrella y Víctor.

Tras unas cuatro horas y media de espera intercaladas por pruebas distintas, pero muy similares a las que hicimos en la clínica, una enfermera nos pide que la acompañemos. Y yo no quiero. Miro a Emilio, que no me ha soltado la mano en todo este rato. Le miro a él, cuyos ojos asustados se enternecen, y sé que sabe que no quiero entrar. Pero no me queda otra, ¿verdad?

Cuando me levanto, sé que mis padres no nos siguen porque no les llaman. Sé que soy una mujer adulta. De hecho, hace años que vivo sola. Soy consciente de que quien camina conmigo es el hombre con el que me voy a casar, y recorro el pasillo de su mano, aunque no sea el pasillo con el que llevo soñando todo este tiempo ni estemos vestidos para ningún tipo de ceremonia.

Debo de tener una cara horrible. No alcanzo a verme en ningún reflejo, pero juraría que se me está pelando la nariz de tanto sonármela. Me siento débil, pese a la medicación.

Siento que algo me está aplastando lentamente desde arriba, que la presión aumenta.

Si no entro en esa habitación, me digo a mí misma, no podré remediar todo lo anterior. Si me niego a dar un paso al frente, no habrá forma de cambiar. Si no me muevo, si me quedo quieta, lo que sea que esté ocurriendo no va a detenerse.

No hay vuelta atrás.

Sea lo que sea que está ocurriendo, está ocurriendo. Y está ocurriendo así, hoy, ahora.

De la misma manera que tantas otras cosas antes, me digo que quizá tenía que ser así. Y puede que me dé rabia, que me dé miedo, que me dé pena. Vale, sí. Pero ninguna de esas emociones puede cambiar lo que ya se ha roto.

Es una lesión, me digo. Es algo en mi médula, me repito. No sé cómo ha llegado hasta ahí o por qué. No puedo hacer nada excepto sentarme en la silla que me dan. Y si eso es lo que puedo hacer, eso es lo que voy a hacer.

Y lo hago.

—Hola, Belén —dice la doctora—. Gracias por esperar. Somos conscientes de que la tarde tiene que haber sido muy larga.

—¿Habéis podido cenar? —pregunta el doctor.

Los dos médicos, como dos actores, construyen el escenario para sea lo que sea lo que tengan que decir. Van preparando el terreno porque lo que sea que tengan que contar no es bueno, ¿verdad?

Ya lo sé. Claro que lo sé. Llevo todo el día aquí, esperando. He visto cómo me miran. He oído al amigo de los padres de Emilio. He visto palabras largas y complicadas en ese PDF. He visto la cara de mi madre al llegar y he sentido los brazos de mi padre a mi alrededor, suaves, cuidadosos. Mi padre da abrazos de oso. No es delicado. Mi padre te estruja hasta que te deja tiesa.

Para más inri, la mano izquierda ya no me hormiguea. Ahora simplemente está apagada, o fuera de cobertura.

La sala es pequeña y tiene la luz blanca. Emilio está sentado a mi derecha. A mi izquierda se mueve algo: Estrella.

La doctora me mira, me regala una mueca de comprensión y me coge la mano con cuidado. Da un apretón y, aunque no logro sentirlo, imagino la presión sobre la piel.

—Sé que tienes que estar muy asustada, Belén —empieza—. Y no te voy a mentir: Víctor y yo no vamos a darte buenas noticias. Lo que sí vamos a contarte es la verdad, ¿vale? Y después vamos a trabajar mucho y con muchas ganas para que ese miedo que tienes ahora se vaya.

Alzo la vista y me topo con sus ojos. Me mira con cuidado. Lo hace como si encontrarme la mirada fuera lo más importante que hará hoy.

No puedo respirar.

Me habla a mí, pero sé que es Emilio quien la escucha de verdad. Yo no la oigo. Solo sé que la habitación es blanca. Que Estrella y Víctor, los médicos, hablan. Se dice algo de camas, de ingresos, de lesiones. Hay palabras clave, claro.

Me hago a la idea de lo que está ocurriendo, pero me cuelo por los recovecos de la conversación hasta que me quedo completamente sola en la sala.

Víctor, Estrella y Emilio permanecen allá, discutiendo. Yo estoy en la misma sala y en otra muy distinta a la vez.

Nos veo a los cuatro desde fuera, desde detrás.

—Se trata de un tumor intramedular —explica Víctor—. Es una situación única y muy peliaguda.

—La operación es de un riesgo muy muy alto —continúa Estrella—. Mañana, con más calma, te daremos más detalles.

Belén —que soy yo, pero a la vez no soy yo; y quizá solo sea mi cuerpo en esa silla— la mira con lágrimas en los ojos y ella no se amedrenta. La doctora le dedica otra mueca, intenta encontrarle una mejor cara.

—Vamos a subirte a planta esta misma noche, ¿vale?

Doy un paso atrás. O imagino que lo doy. Imagino que me levanto y me voy. Imagino que me despierto en Londres, en aquella cama. Imagino que me da por reírme hasta llorar.

Cabe la posibilidad de que solo sea una pesadilla.

—Esta semana no hay disponibilidad para entrar en quirófano, pero creemos que será mejor que estés con nosotros.

Víctor mira a Belén con el mismo cuidado que Estrella, y yo quiero darle las gracias, pero no encuentro las palabras. Me he transformado en una especie de ente en la sala.

No soy yo del todo.

Soy como una proyección.

—¿Belén?

Emilio me coge la mano y vuelvo en mí. Parpadeo. Me sorbo la nariz. Mi cuerpo entero despierta de golpe, yo dentro de él de nuevo.

—¿Pueden entrar mis padres? —pregunto—. Están en la sala de espera. Yo es que creo que me voy a liar, si intento...

—Por supuesto.

Víctor se pone en pie mientras Estrella acaricia mis nudillos y Emilio me sostiene la otra mano.

—¿Me puedes dar un poco de agua? —pido.

10

Estoy de pie frente al espejo. Sigo de pie. Por el momento, al menos. Voy vestida con todo lo necesario para mi primera noche en el hospital. Llevo una bata de lunares atada a la cintura y el pelo suelto. También tengo la pulsera con mi nombre. Llevo un collarín nuevo, limpio, que me ayuda con el dolor de cuello aunque no pueda ponerle remedio.

Me busco en el reflejo. No sé cómo me siento. No tengo ni idea. Asustada, probablemente. Más que asustada, de hecho. Lo que siento tiene que ser algo más allá del miedo.

Es un miedo tan grande que no me cabe dentro, así que estoy tan llena como vacía de él.

Desde el otro lado del espejo, la incertidumbre me devuelve la mirada. La que hay al otro lado tiene mi cara, mi pelo, mis manos, mi bata e incluso mi anillo, pero hay algo distinto en ella.

Se avecina el desastre, ¿verdad?

Puedo verlo en la habitación que hay al otro lado del espejo, donde se aprecia una Belén Domínguez Blanca solo enferma y enferma. Se le marcan unas ojeras inmensas, se le encoge el rostro, se le hunden los hombros y se le cae el cuerpo hacia los lados. Su mirada pierde color y se seca tan de pronto como las hojas de los árboles en otoño.

Al otro lado, en un reflejo viciado, parezco a punto de desprenderme del árbol. ¿Es eso lo que me aguarda? ¿Es eso todo cuanto puede ocurrir después de hoy?

No.

Cierro los ojos con fuerza y trato de hacer que la hipotética Belén que enferma y enferma desaparezca. Cuando vuelvo a abrirlos, el reflejo es lo suficientemente agradable como para resaltar una idea muy distinta, muy simple: el baño de mi habitación es verde.

No lo pienso en ese momento, pero sé que es cierto: el verde es mi color favorito. Tengo mi anillo, señala el reflejo. Tengo la promesa de un futuro, de un largo pasillo. Tengo mi pelo largo, los ojos de mi padre y la boca de mi madre. En ellos, la posibilidad de descubrir qué aspecto tendrán cuando lleguen las arrugas.

El collarín y la bata son un regalo del Ramón y Cajal, que no pretende hacerme sentir enferma. Todo lo contrario.

Víctor y Estrella existen en algún lugar de mi mente.

—Vamos a hacer todo lo que esté en nuestra mano.

Sus voces me llegan como ecos.

—No voy a hacerte promesas en vano —dice Víctor—, pero quiero que sepas que vamos a estar aquí. Que te vamos a acompañar durante todo el camino.

Me miro a los ojos y me veo como soy: una mujer joven, con toda la vida por delante.

Con mucha vida por delante.

Mi vida.

Me armo de valor y sostengo el móvil frente a mí. Puede parecer una tontería, pero me hago una foto para recordarme quién soy, quiénes somos, quiénes seremos siempre. Incluso en los momentos que resultan difíciles y descorazonadores, como este.

Fuerzo una sonrisa, alzo el mentón. Esta vez me da igual si salgo guapa o no. La belleza que busco es otra. No busco parecer quien no soy. Me busco a mí. Me veo a mí.

Esta es Belén, me digo.

Esta también soy yo.

Me busco en las imágenes de este último año: el viaje a Menorca, el anillo, las cenas, las clases de *spinning*. Hay mucho de mí en todas esas fotografías aunque ahora mismo parezca todo tan distante. Incluso en la fotografía de mi café sobre la encimera hay un pedazo enorme de mí.

Es en una de las fotografías de la galería donde encuentro el consuelo que no sabía que necesitaba. En la imagen se ve nuestro armario de la cocina, abierto. Se ven los platos y los vasos. Y, entre todos ellos, nuestra horrenda caja de las velas. Lucía me mandó la fotografía para hacerme reír, y eso es lo que hago.

Me echo a reír y a llorar a la vez, como una tonta.

En mi primera noche en el hospital, me acojo a la esperanza de que Lucía tenga razón. Espero que haber guardado aquellas velas me dé suerte, de verdad.

Creo que la voy a necesitar.

REVIVIR 1

11

Estrella sonríe y me invita a entrar en la pequeña sala. Lo hace con la misma candidez con la que lo hizo la otra noche, a la una de la mañana, y si está cansada, no se le nota. También viste el mismo uniforme que vestía entonces mientras hablaba y hablaba y hablaba. No recuerdo ni una de sus palabras, pero recuerdo su pelo, su cara y su ropa. Es la misma ropa, sí. Pero para eso son los uniformes, ¿no?

Para llevarlos una y otra y otra vez.

Me pregunto si esta bata se va a transformar en el mío. Es un tanto incómoda. Aunque no sea del todo desagradable, no es mi ropa. No es ni un pijama. Estoy casi segura de que la mitad del hospital puede verme el culo ahora mismo.

La doctora me ayuda a sentarme frente a su mesa. Después la rodea para sentarse ella. La escena es tal y como cualquiera podría imaginarla: ella a un lado; yo al otro; los muebles son claros; las persianas están subidas y, aun así, nos baña la luz blanca de los fluorescentes.

Es joven. Apostaría a que Estrella y yo tenemos más o menos la misma edad. Ambas rondamos la treintena. Es irrelevante, pero es todo cuanto veo ahora mismo. Será porque me resulta agradable. Siento que así me entiende mejor. Que tenemos eso en común, al menos.

El otro doctor que nos atendió, Víctor, habla con mis padres y Emilio en otra sala.

Imagino que la conversación que vamos a mantener en esa sala es similar a la que se va a dar en esta. Sé que me estoy anticipando, pero ya puedo vernos en posiciones paralelas. La cuestión que nos divide es frágil, como si de una pared de cristal se tratara: esto me está ocurriendo a mí, sí, pero yo no dejo de pensar que también les está ocurriendo a ellos.

Puede que el tumor no esté en su cuello, pero les afecta lo mismo. Les afecta en paralelo, cosa que tiene que ser complicada. ¿Cómo puede dolerte una herida que no es tuya? Les duele diferente, claro, pero no por eso les debe de doler menos.

Se lo veo en la cara. A ellos, a mis padres y a Emilio. También se lo veo a mis amigos. Se lo veo a Estrella y se lo vi a Víctor anoche.

Por eso, en mi imaginación, en una sala estoy yo, haciendo equilibrios sobre la cuerda floja para no venirme abajo, y al otro lado están los demás con el corazón en la mano. Alguien se cubre los ojos, otro alguien se cubre la boca. Alguien llora, de espaldas, y ni me mira. Todos sabemos qué viene ahora.

No creo que las clases de *spinning* me ayuden a convertirme en la mejor trapecista del país. Por suerte, solo tengo que ser una trapecista emocional, ¿no? No tengo que mantenerme de pie a metros y metros de altura, luchar contra la gravedad y salir ilesa.

Todo cuanto tengo que hacer hoy es escuchar lo que sea que Estrella quiere contarme y no venirme abajo.

Entonces, ¿por qué me late el corazón con tanta fuerza?

Supongo que es porque sé lo que va a decir. Va a confirmar todos mis miedos. Va a usar la palabra que empieza con C. Eso, o algo peor. Algo que es como la palabra que empieza con C, pero es aún más largo y enrevesado. Algo como lo que se mencionaba en el PDF y que no supimos leer.

Estrella me va a mirar a la cara, me va a decir que esto está más allá de todo lo conocido por la medicina actual y que ya está. Que me despida. Que no hay remedio.

No hay nada que hacer.

De cualquier modo, si alguien tiene que contarme todo eso, me alegro de que sea Estrella. No se me ha olvidado lo agradable que fue, pese a que era la una de la mañana. Recuerdo perfectamente el peso de su mano en la mía, el tono de su voz. Recuerdo que nos pidió perdón por tenernos esperando.

Fue certera, amable y cuidadosa a la vez.

Tanto ella como Víctor fueron los emisarios de una de las peores noticias que he recibido jamás y, sin embargo, aquí están. De una pieza. Trabajando.

Aquí estoy yo también, con ella.

—¿Estás cómoda?

—Con el culo al aire, pero bien.

Estrella suelta una pequeña risa y yo me sumo el tanto.

—Vayamos por partes —dice, serena—. Lo primero de lo que tenemos que hablar es del tumor. ¿Necesitas que te aclare alguna cosa al respecto, Belén? Entiendo que la información llega toda y de golpe, así que puedo reducir la marcha y explicarte un poco más sobre lo que te ocurre si lo necesitas.

—Bueno. Sé que es un tumor intramedular —le respondo, aunque no estoy muy segura de qué significa exactamente—. Eso quiere decir que está dentro de mi columna, ¿no?

—El tumor está dentro de tu médula —rectifica— y está deformando tu columna. La medula atraviesa toda la espalda y se encarga de procesar la información que manda el cerebro —explica. De hecho, tiene hasta un pequeño esquema en la mesa. Apunta con el dedo para que siga su explicación—. ¿Ves? Es un poco como si fuéramos un robot…

—Y la médula son los cables.

—Ahí estamos. —Sonríe de nuevo—. Entonces, tu cerebro manda una señal y la médula le da la información al resto de los elementos: músculos, órganos, tejido… Y también funciona de la otra manera.

Estrella coge un boli y me toca con él en la mano, haciendo una demostración.

—Notas eso —prosigue— porque tu tejido ha recibido la información y la médula se ha pegado una carrera para que tu cerebro lo analice.

—Eso me queda bien claro, sí.

No lo noto tan bien como debería. Lo noto, sí. Es un bolígrafo, sobre mi mano. Bueno, vale.

¿Y si pierdo eso?

Anoche dijeron que era una posibilidad.

¿Es una posibilidad real?

No quiero pensarlo.

La habitación da vueltas. Mis manos parecen las de otra persona. Intento cerrarlas, retenerme. No puedo salir huyendo de esto, pero sabe Dios que, si pudiera, pondría pies en polvorosa.

—Vale, entonces vamos a entrar en la parte que es un poco más complicada —suelta Estrella.

Suspiro.

—El tumor —afirmo.

Qué palabra tan horrorosa.

—El tumor.

La doctora recupera el mapa del cuerpo humano y señala un esquema de la columna. Está dividida en cinco grupos y cada uno tiene un color. Según explica rápidamente, cada parte tiene asignada una serie de conexiones. Es bastante lógico: la parte inferior se encarga del tronco inferior y la parte superior, de la parte superior.

No tiene pérdida.

—El tumor que tú tienes ha aparecido entre la C3 y la C7 —dice, al final—. A la altura del cuello. Y eso significa que, con o sin intervención, dicho tumor podría causar daños irreversibles e incluso llegar a provocar la muerte en cualquier momento.

Aprieto los labios con fuerza. Asiento con la cabeza. Estrella espera un segundo antes de continuar. Me mira con cuidado. O con advertencia. No sabría decir exactamente qué piensa. Yo le dedico una mueca que intenta ser una sonrisa y asiento con la cabeza otra vez.

La palabra que empieza con M pesa en el aire como una tormenta.

—Al estar a esta altura —sigue—, impide la circulación y el trabajo de la médula. La información se queda atrapada. No se mueve. Y las órdenes tienen dificultad para llegar al resto del cuerpo.

—Como en un atasco.

—Exacto. Por eso no podías moverte cuando estuviste en Londres: pese a los antiinflamatorios musculares, el tumor seguía añadiendo presión a tu columna y llegó a bloquear las órdenes de movimiento. Por eso se te duerme también la mano.

—Pero la derecha no se me duerme tanto.

—Eso es porque tienes el tumor en la derecha.

—¿Cómo? Pero se me duerme la izquierda.

—Mira, otra cosa más que tiene truco —suelta Estrella. Es buena enseñando—. Todas las funciones están cruzadas. Si tienes afectado el lado derecho, sabemos que el tumor está en la izquierda. Si está afectado el lado izquierdo, el problema está en el lado derecho.

Me siento un poco como cuando empiezas a entender las marchas de la bici, o las del coche. Pero tiene sentido. La vida resulta así de arbitraria, supongo. A veces eres una chica que quiere ir al congreso del trabajo porque se aburre trabajando sola en casa y a veces eres la chica con el culo al aire en una sala de hospital. Y otras veces eres ambas.

—Pues llevo meses durmiendo del lado que no es. —Resoplo.

Estrella se ríe.

—No podías saberlo, Belén.

Lo dice como si nada y, no obstante, las palabras calan muy hondo. Mucho. Es como si me hubiera dado un bofetón.

No podía saberlo, ¿verdad?

Nadie puede imaginarse que la razón por la que le duele la espalda es porque hay algo creciendo dentro de su médula. Todos pensamos que es culpa de la silla. Todos pensamos que es cosa de la postura, ¡o de la edad! Pensamos en hacer más deporte, en comprarnos algo para remediarlo. Nos damos una ducha de agua caliente, pedimos un masaje, decimos que estamos estresados y cambiamos la almohada, que tiene un par de años.

No creo que nadie en su sano juicio pudiera imaginar que lo que tenía en el cuello era un tumor intramedular.

No podíamos saberlo, me digo. Yo, en concreto, no tenía ni idea. De haberlo sabido, ¡claro que hubiera tenido mucho más cuidado! ¡Por supuesto que le habría puesto remedio antes! Pero era invisible. Y yo estaba ocupada.

Estaba yendo de un sitio para otro, sin parar.

Todo cuanto me estaba ocurriendo cobra sentido en esta sala. Sin embargo, durante meses, ha sido imperceptible.

He estado rechazándolo u ocultándolo hasta más no poder. Y ahora que estoy sentada aquí, me da vergüenza admitir lo mucho que he tardado en hacer que me lo miraran. Me da vergüenza pensar que todo esto está pasando por mi culpa.

Tras un instante, Estrella continúa.

—Como te decía, al estar tan arriba, la situación es de gran urgencia —explica—. Tenemos que deshacernos de él.

—¿Cómo?

—Vamos a sacarlo —sigue Estrella—. O todo cuanto podamos, al menos. Pero ahora necesito que entiendas qué puede ocurrir si tu cerebro deja de poder conectar con tus piernas. O con tus pulmones.

Aprieto los labios. Estrella me sostiene la mirada, esperando a ver si hay algo que necesito decir.

—Ahora mismo estás en gran riesgo —repite una vez más—. Necesito que entiendas que realizar la intervención es crucial, pero no podemos asegurarte los resultados. Puedo decirte con total seguridad que tampoco va a resolver el problema de forma inmediata.

—Pero… Entonces, ¿no tiene solución?

Estrella aprieta los labios. Mala señal. Sé que la cara se me retuerce, y que por eso me mira como me está mirando.

—No hay solución inmediata, Belén, y necesito que entiendas eso también. La operación a la que debes someterte es de gran riesgo —me cuenta—. Los riesgos que comporta pasar por quirófano de esta manera son muchos. No solo hablamos de perder la sensibilidad o la movilidad de grandes áreas del cuerpo. No hablamos solo de la posibilidad de quedar parapléjica. Estamos hablando incluso de un gran riesgo de mortalidad en todo momento: antes, durante y después de la operación.

Suelto todo el aire. Me aguanto las ganas de llorar porque no quiero ser la llorona del hospital. No hago frente a las cosas así.

Estrella no se merece eso.

—¿Belén?

—¿Sí?

La doctora estira la mano por encima de la mesa, buscando la mía. Intento dársela, con mayor o menor torpeza, y agradezco tener la relativa suerte de sentir el roce.

Me doy cuenta de que ha ido en busca de la derecha, con total conciencia de causa, y suelto un sollozo.

—Hay un gran equipo médico detrás de todo esto. Estamos aquí para ayudarte en todo lo que podamos —dice—. Soy consciente de que lo que te estoy contando es algo muy difícil de digerir. Pero, tanto de mi parte como de parte del hospital, necesito que sepas que todo el mundo va a poner cuerpo y alma para que todo salga lo mejor que puede salir. Hoy, mañana y pasado.

Me aprieta la mano con cuidado y acaricia mis nudillos. Asiento con la cabeza, aterrorizada. No me gusta la palabra «aterrorizada», pero es cierta. Es la adecuada. Me trago las lágrimas como puedo, intentando encontrar algo que decir.

—No vas a estar nunca sola. Víctor estará contigo durante todo el proceso —asegura—. Todos los profesionales estarán pendientes de que la operación salga lo mejor posible. Por eso mismo vamos a empezar esta semana, mientras esperamos quirófano, con una serie de pruebas neurológicas preparatorias, ¿vale?

Escucho la lista de pruebas que Estrella me cuenta que hay que llevar a cabo y que entiendo que son para que todos esos profesionales tengan una referencia con la que trabajar de cara a la operación. Me centro en respirar y en atender, aunque la gran mayoría de las cosas se me escapan.

No tomo nota porque no puedo, pero intento empaparme de toda la información que me da. Habla de los riesgos, lo aparatoso del proceso, y sobre lo difícil y doloroso que puede llegar a ser el posoperatorio.

Me hago la valiente, o la dura, y le digo que puedo aguantarlo. De hecho, se lo digo con total convicción. Puede que esté muerta de miedo, pero sigo viva y valiente.

Estrella termina la reunión con una mala noticia. O una noticia regulera, dentro del baremo de los últimos días.

—Quería decirte que, por desgracia, yo no podré estar en la intervención —me cuenta—. Termino mi etapa aquí este mismo domingo. Me voy a Atlanta una temporada. Pero voy a estar en el hospital toda la semana, contigo. Para lo que me necesites, ¿vale?

—¿La operación será la semana que viene?

—Estamos intentando darte hora cuanto antes —sigue—. Como estás ingresada, quizá podamos adelantarla. Por otro lado, y siendo prácticas…, eso también significa que tienes unos días para ti, para prepararte para cualquier cosa que pueda ocurrir.

Me armo de valor para hacer la única pregunta que tengo. Sé que está en la recámara y que no quiero malgastarla, pero necesito oír la respuesta.

—Entonces, sé honesta, Estrella: ¿me voy a morir? —La voz se me parte—. ¿Debería despedirme, o…? ¿Debería…?

Estrella se arma de valor.

—Escúchame bien: todos nos estamos muriendo, Belén —dice—. Es parte de estar vivo. Existe el riesgo de que no te despiertes, de que algo salga mal y no vuelvas. Pero también existe la posibilidad de que todo salga bien. Y por eso mismo es por lo que estamos hoy aquí, no por otra razón.

Intento decir algo, pero no me quedan palabras. Sollozo. Me encojo en el asiento, o lo intento. Estrella me mira con delicadeza y sé que todo cuanto me dice lo piensa de verdad, así que me aferro a ella con la fuerza que me queda.

Cierro la mano alrededor de la suya.

—No podemos predecir qué nos va a ocurrir o cuándo. —Acaricia mi mano con cuidado—. Y eso es así para lo bueno y para lo malo. Lo único que nos queda es hacerle frente una vez nos llegue. Paso a paso, ¿vale?

Me sorbo la nariz y aguanto el tipo. Agradezco que no me pregunte si estoy bien, porque no lo estoy.

—¿Quieres un abrazo, Belén?

Asiento con la cabeza y dejo que la doctora me abrace. Suspiro contra su hombro. Cierro los ojos con fuerza.

Acaba de pasar.

Me acaban de decir que me voy a morir.

12

Y, DE REPENTE, FLORES.

Flores en el alféizar. Flores en el suelo. Mis amigas de Sevilla entran por la puerta con más flores aún. Lucía me trae un ramo de tulipanes, mi flor favorita. Unos amigos en común con Emilio suben a la habitación con dos ramos, uno que han comprado ellos y otro que me envían mis amigas de Menorca.

Besos, flores y fuerza es todo cuanto entra por la puerta de mi habitación en la planta de neurocirugía. Borracha de cariño, imagino la procesión de sevillanos, madrileños y gente de todas partes que recorre el camino desde la puerta del hospital, atraviesa varias plantas en el ascensor y recorre el pasillo hasta mi habitación en la séptima planta.

El ascensor se abre y se cierra, atareado.

Mis dos primeros días ingresada son un cuadro, pero uno de esos impresionistas; de los que solo se entienden cuando uno retrocede un par de pasos, se arma de valor y ladea la cabeza. Están llenos de colores, gestos, trazos grandes y candor. Una figura, dos, ¡y por ahí hay una tercera, qué ilusión!

La gente detiene su día y se acerca a verme. Nos hacemos fotos y charlamos incluso cuando quizá hace meses —o años— que no coincidimos en el mismo lugar.

Las visitas las recibo como cualquier otro recibe visitas sorpresa: escondo todo bajo la alfombra cuando llaman al timbre y pongo mi mejor cara. Evito a toda costa pensar en nada malo, ni ponerme agorera.

Sonrío de más, hasta que no me cuesta.

—¿Y qué dicen que es?

María me sujeta la mano, pendiente de mis reacciones. Ha venido a verme con su casi marido. Sé que no hace falta que le diga que no voy a poder ir a su boda. Veo que tiene los nervios a flor de piel.

Yo también, aunque sea por razones muy distintas.

—Mira, un tumor intramedular —explico, acostumbrándome a la palabreja—. La cosa es que me aprieta y no deja que pase la información del cerebro. Ahora tienen que ver cuándo lo quitan. Estamos a la espera de que nos den fecha para quirófano.

—Jolín, Belén.

—Con suerte lo sacan entero y sanseacabó —le digo. Porque cabe la posibilidad. Es una de las posibilidades que me dio Estrella. Mi favorita, de hecho—. La pena es que voy a estar aquí hasta vete tú a saber cuándo. ¡No me podía pasar en invierno, que da pereza ir a cualquier lado!

—Belén…

A mi madre no le gusta que diga cosas así, pero es una solución práctica. De ese modo todo menos serio y, por lo tanto, menos abrumador. En cambio, creo que mi padre entiende lo que estoy haciendo: siempre sabe lo que voy a hacer antes siquiera de que lo haga.

—A ver, hubiéramos ahorrado en calefacción —bromea él—. Y tiene que ser divertido, lo de tomarse las uvas con esta gente.

Las siguientes horas se llenan de medicación, enfermeras y visitas rutinarias; visitas de familiares y amigos por igual. El día se agota antes de que yo sepa que ha amanecido.

El que se acerca al hospital lo hace para verme tirada en una cama. Les cuento lo mismo una y otra vez. Lo repito hasta que empiezo a entenderlo yo misma. Y, aunque podría darme pena, es más bien todo lo contrario.

Si de algo tiene que servir todo esto, que sea de excusa para vernos la cara, ¿no?

—¿Te duele mucho?

Mi madre me aparta el pelo de la cara con cuidado. Mi padre está sentado en la que sé que se convertirá en su silla. No quiero que sea suya, pero tiene mucho sentido que esté allí. Emilio está de pie, a su lado, con las manos en los bolsillos.

—No mucho —miento.

—Te he pedido crema de calabaza para la cena, ¿vale? —me dice.

Siempre se comenta que la comida de hospital y la de los aviones es malísima. Ahora bien, tengo tanta hambre cuando llega que no me da tiempo ni a comprobarlo.

Me quedo dormida justo después de la medicación.

13

La gente viene, nos abrazamos, nos besamos. Nos deseamos lo mejor. Traen flores. Llaman. Escriben. Nunca he estado tanto en el punto de mira. Jamás. Esta parte del disgusto es la agradable, supongo. Si es que hay alguna parte agradable en todo esto.

El problema llega al tercer día, cuando la realidad me cae encima como un jarro de agua fría.

Estoy enferma.

La gente está en la habitación, hablando, y yo estoy con ellos y a la vez no. Estoy enferma. Estoy agotada. Estoy tirada en la cama, entre cojines y con la cabeza embotada.

Esto no es una reunión de colegas o de familia. Lo que tengo no es una gripe. No es un resfriado. No es solo una lesión, o un hueso roto. Estoy ingresada en el Ramón y Cajal porque tengo un tumor que está pisándome los cables, cortando las tuberías.

Me ahogo de pensarlo siquiera, y tengo ganas de gritar. Tengo ganas de gritar hasta que me oiga la última persona de la Tierra, pero no lo hago porque hay más gente en la habitación y eso no estaría bien.

Sobre el alféizar, mi madre acumula jarrones y jarrones de flores. Emilio ha hecho un cuadrante de visitas y llamadas para poder descansar. Mi cuerpo parece estar saliendo del primer bache de adrenalina y el dolor regresa tal y como parecía haberse ido. Si lloro, lloro porque me duele, no porque esté sola con el dolor.

Nunca estoy sola.

Estoy tirada en la cama con mis padres cuando aparece Víctor. Llama a la puerta, que está abierta, y nos saluda a los tres. Trato de incorporarme, pero me hace un gesto para que no me apure. No quiere que haga esfuerzos innecesarios, supongo. No sé ni qué quiero oír a estas alturas de la película.

Mi madre se sitúa a mi lado y me recoloca la almohada, nerviosa.

—Son buenas noticias —anuncia el médico.

Busco a Emilio con la mirada, pero ha salido a por un café y yo no puedo esperar más. Miro al doctor con lo que entiendo que deben ser ojos de cordero, y él parece orgulloso de poder decir lo que viene a decir.

—Puedes entrar mañana a quirófano —dice—. Hemos conseguido mover a un par de pacientes, dada la urgencia, y podremos operarte antes.

No sé cómo sentirme. Mi madre me sujeta la mano con cuidado. Mi padre habla con el médico, que se esfuerza en hacernos entender que es una buena noticia y que está todo más que preparado. Creo que le dice algo en la línea de que no querían preocuparnos de más, y querían que tuviéramos tiempo de digerir la información mientras ellos intentaban sacar adelante la preparación del quirófano.

Emilio entra por la puerta, ve la silueta del doctor y se queda de piedra. Se le atraganta el café. Se alegra, aunque la alegría le dura poco. Veo la cara de emergencia florecer en el gesto de su nariz. ¿Estará la mía haciendo lo mismo? ¿Me llega la emoción a las mejillas? ¿Y cuál de ellas llega primero?

—¡Ah! —Víctor hace un gesto—. Y Belén, Estrella me ha pedido que te dijera que esto también significa que ella estará contigo en la operación.

Los ojos se me llenan de lágrimas.

—¿De verdad?

Él asiente.

—Ay, qué alegría —digo.

Tal y como abro la boca, suelto una pequeña risa.

Mis padres sonríen conmigo.

14

PENSABA QUE CONOCÍA TODAS LAS EMOCIONES. Las básicas, al menos: enfado, tristeza, alegría, disgusto, miedo, sorpresa… Las tengo todas por la mano. Me las sé en inglés y creo que hasta en francés. Estudié francés, pero no recuerdo ni papa del vocabulario básico, solo el profesional, y ahora me cuesta ubicar las palabras.

Sea como sea, sé qué es cada una de ellas. Las conozco y sé a qué responden y por qué. O pensaba que lo sabía. Porque últimamente todo cuanto creía saber sobre la vida ha resultado no servir de nada.

Todo mi esfuerzo. Todo mi sacrificio para conseguir entrar en las universidades, mis entrevistas de trabajo. ¿Ha sido en balde? ¿No vale? ¿Por qué ocurre todo esto ahora? Justo cuando empezaba mi vida. ¿Por qué así? ¿Porque sí? ¿Quién lo ha elegido? ¿He sido yo? ¿Es culpa mía?

La vida que conocía se viene abajo delante de mis narices como lo haría un castillo de naipes. Pum. Algunas cartas se escurren bajo la mesa y no vuelvo a encontrarlas jamás.

Un mago hace un truco de feria, tira del mantel de la mesa y yo soy la cubertería. Soy las copas que estaban sobre el mantel y solo la providencia puede decir si voy a caer, si me voy a partir contra el suelo o no.

Todo se escapa de mi control, y ni siquiera tengo las manos en condiciones como para aferrarme a lo que más amo.

Hasta hace una semana y media era solo Belén, la chica de la clase de *spinning*, la compañera de trabajo de algunos, la novia de Emilio, la nueva amiga de Google, la amiga de mis amigas y la hija de mis padres. Una chica que acababa de cumplir los treinta y estaba bordeando la fecha de su boda.

Ah, claro, ¡mi boda!

No he llegado a decirle casi a nadie que Emilio y yo nos hemos prometido y, a decir verdad, tal vez sea mejor así. El tumor me ha arrebatado la alegría de compartirlo, pero la locura quizá esconda lo triste que sería que nunca lleguemos a hacerlo; que nunca lleguemos a caminar juntos fuera de la iglesia porque quizá no vuelva a poder caminar.

La idea es de lo más cruel. Mi pasillo se hace eterno, se alarga. La gente acude para ver cómo me arrastro por el suelo, para verme en silla de ruedas, para verme horrenda y mugrienta. A veces, en esa idea, Emilio ya no está y ya no hay pasillo. No hay boda. No hay nada. De hecho, todos asistimos a la iglesia y yo ya estoy en el altar, embutida en una caja.

Puede que ahora sea otra. Puede que ahora sea Belén la enferma, la que tiene un tumor. Pero si en algo coincidimos las dos es en que esa es la clase de pensamientos que queremos evitar.

Cierro los ojos con fuerza, o con toda la fuerza que me queda, y me centro en otra versión de la historia.

Me centro en un recuerdo. Me llevo las manos a la cara y después las cierro entre sí, en un pequeño rezo. Necesito ayuda. Necesito alguien que me diga qué se supone que puedo o debo hacer.

No quiero ser cínica. No quiero estar demasiado dolida como para no poder levantar el mentón y anteponerme al miedo. Quiero ser incluso otra Belén, una nueva. Sí, eso. Quiero ser la tercera Belén. Quiero ser la que se sobrepone a esto, la que se pone de pie pese al miedo y anda incluso cuando nadie lo crea posible.

Quiero quedarme, y quiero la oportunidad de probarle al universo entero que puedo seguir creciendo. Pero no depende solo de mí ni de mi voluntad, ¿verdad?

¿Y de quién depende? ¿De cuántos de nosotros? ¿En cuántas manos estoy? ¿Y cómo podrían sostenerme si siento que me estoy cayendo a pedazos? No se lo digo a nadie. No se lo cuento a nadie. Pero, si no lo hago, ¿cómo puedo deshacerme de ese peso? ¿Y a quién puedo dárselo si es mío?

No quiero que nadie tenga que cargar conmigo.

—Hola, Belén.

El capellán es un hombre mayor, aunque no tanto como lo imaginaba. Se mueve con paz y, con solo un gesto, hace que la habitación deje de parecer una caja de zapatos. Sonríe con dulzura y se sienta junto a mi cama, tal y como yo quería que lo hiciera.

Me tiembla la voz, pero él me oye. Me escucha con atención y me ayuda a componer las frases para confesarme. Se lo cuento todo, todo, todo; y el peso de mi pecho decrece con cada palabra.

Estamos solos. Mis padres han salido. Emilio debe de estar al final del pasillo, sentado junto a la máquina de café. El hombre me atiende con ternura, con la atención que requiere el ayudarme a volver a dibujar las líneas que separan las emociones: la rabia y la frustración dejan de entretejerse con el miedo, la alegría y la pena dejan de parecer dos caras de una misma moneda. Con la historia de mi vida y todos mis deseos depositados en sus manos, suspiro y recibo la comunión.

Me cuenta que a este sacramento hace tiempo que ya no se le llama extremaunción, sino unción de enfermos. Lo hace como lo haría alguien mayor, alguien mucho más grande que todos nosotros. Parece saber exactamente qué es lo que necesito oír y cuándo. Y yo, que lo necesito más que nunca, dejo que sus palabras me abracen con cuidado.

Puede que las circunstancias que nos atañen parezcan extremas, dice, pero este sacramento no es la puerta a la vida eterna. Dice que no viene a despedirme, sino a recordarme que todo cuanto ocurre, ocurre porque así debe ser.

Que, ante la incertidumbre y el miedo, la esperanza y la fe son nuestra única salvación.

—Mira tú qué horas son ya —anuncia, risueño—. Voy a llegar tarde a la misa de hoy, niña.

—Ay, disculpe, capellán.

—No te preocupes, Belén. —Sonríe—. Pero ven a verme tú a mí a la próxima, ¿vale?

Suelto una pequeña risa, abrumada.

—En cuanto pueda ponerme en pie, allí estaré.

—Pues ya sabes.

El hombre sonríe incluso más, y se despide desde la puerta con la misma mano con la que me ha traído la paz que necesitaba.

La operación ocurrirá esté lista o no, así que decido estarlo.

15

Puede que no tenga una lista sobre las treinta cosas que quería hacer antes de los treinta. Lo que sí tengo es una lista de las treinta mil cosas que podrían salir mal hoy. Estrella fue clara y directa. El margen de error es grande. Aun así, en el número uno de esa lista no está la palabra que empieza con M.

Lo que realmente encabeza la lista es despertarme a mitad de la operación. Tanto Estrella como Víctor como Emilio o mis padres me han asegurado que eso es imposible.

El anestesista ha intentado no echarse unas risas conmigo.

—Para eso son las pruebas —ha dicho—. Pero, vamos, te digo yo que imposible. Pero imposible, imposible de verdad. Vas a dormir como un bebé.

De hecho, yo misma me lo repito una y otra vez: es imposible, imposible, imposible.

El problema es que, tal y como me digo que lo es, algo en mi interior contesta que puede que no lo sea. Que no deberíamos aferrarnos a esa idea. Después de todo, también parecía imposible tener un tumor y aquí estamos: a las cinco de la mañana, intentando lavarnos el cuerpo con Betadine jabonoso para entrar a quirófano.

La visita del capellán me dejó algo más tranquila. No sabría decir si por su esperanza o por su fe ciega de volver a verme. La cuestión es que he decidido que de manera activa no voy a pensar en la palabra con M, que es quizá la cosa que debería estar en el puesto uno de mi lista; o que lo estaría, supongo, en cualquier otro día de mi vida.

Sé que todos los demás la tienen presente. Mis padres, mis amigos, Emilio. Todos piensan en la M. Los cuarenta y dos profesionales que entren en la sala de operaciones —que tiene que ser del tamaño de un cine, a juzgar por el aforo que necesitamos— la tendrán bien presente. ¿De qué me sirve a mí pensar en ella? ¿De qué me sirve tenerla en cuenta?

No quiero que ocupe espacio en mi mesa, o en mi sala. No quiero que ocupe espacio en mi mente ni en mi pecho.

Después de la visita del capellán, mandé a mis padres a casa. Les pedí que durmieran en mi cama y descansaran todo lo posible y más. Aunque lo intenté con Emilio también, se negó. Se quedó conmigo toda la noche.

Ha dormido en un sillón, junto a mi cama. Por decir que ha dormido, porque creo que ha descansado la mitad que yo.

No se lo digo, y él tampoco me lo dice a mí. Aun así, creo que los dos estamos pensando en la misma persona cuando nos despedimos al borde de un pasillo muy muy largo.

—Te quiero mucho, Emilio —le digo.

No me tiembla la voz. Las palabras salen de mí con facilidad porque son verdaderas. Tan verdaderas como el aire que ambos respiramos. Siento su frente contra la mía, sonrío y le beso una vez más.

—Te quiero tanto, tanto, tanto... —me responde.

Puedo ver las lágrimas en sus ojos y, como única respuesta, sonrío y le despido con los dedos de la mano; tanto a él como a mis padres, que se aferran el uno al otro en un extremo de ese pasillo.

Las enfermeras empujan mi camilla. Son las nueve de la mañana y, con suerte, nos separarán solo un ratito. Será un suspiro. Pero un suspiro largo, espero.

Será como bucear, les he dicho. Tienen que imaginarme buceando y buceando para llegar al fondo del mar. Luego tengo que volver a subir, así que doblaré ese tiempo. Y cuando esté fuera del agua, imagino, cogeré un montón de aire.

Me llenaré los pulmones de vida y de ganas.

Anoche nos dijeron que eso sería lo óptimo. Que cuanto más durara la operación, mejor. ¿Y qué son cuatro horas contra la posibilidad de un mes? ¿De un semestre? ¿De otro diciembre? ¿Qué son cuatro horas si me consiguen ese otro pasillo y la mano de Emilio en la mía frente al altar? ¿Qué son cuatro horas contra la posibilidad de la vida que era mía y que quizá logre recuperar?

Nos dijeron que será difícil volver a verme caminar, pero ellos no escucharon al capellán ayer.

No digo adiós. Tampoco digo hasta luego. Tan solo digo lo que siento. Le digo que le quiero y que siempre me hace reír. A mi padre le digo que me encantan sus abrazos y a mi madre le digo que es la mujer más hermosa del planeta.

En la línea de decir cosas, miro a los ojos de la anestesista, que me pide que cuente hacia atrás, y lo hago. En voz alta y clara, o eso creo. No sabría decir en qué momento pierdo el conocimiento, pero soy consciente de que el contar hacia atrás me devuelve a un pasado no tan remoto; me lleva a un hospital no tan distinto en el que Emilio, que se convierte en mis ojos, intentaba no llorar.

Yo me voy, sin medallas y sin estampitas. Me voy, rendida, desnuda y con el espíritu a flor de piel.

Es él quien se queda.

Emilio debe quedarse de pie en la sala de espera, echando la vista atrás con desesperación. Debe quedarse suplicando, como lo haría yo de estar en su lugar. Y sé, a ciencia cierta, que debe pensar en su mejor amigo.

Fonchu tenía veintinueve años, a Bruna y a su queridísima Maika. Su vida, como la mía, se cayó de la mesa. Alguien tiró de su mantel hará un mes y las copas quedaron suspendidas en el aire el suficiente tiempo como para que Emilio pudiera llegar a los pies de su cama y despedirse de él.

Tiene que ser difícil, ser la persona que se queda atrás. Casi tanto como ser la persona que se va.

(Recordatorio: yo no me estoy yendo, pero ahora mismo estoy dormida. Me están operando. Y espero quedarme dormida todo el rato que dura la operación).

Fonchu era su mejor amigo, y se fue tan repentinamente como podría hacerlo yo. ¿Es eso en lo que piensa Emilio mientras espera? ¿Piensa en él como lo hacía yo esta mañana en la ducha?

Quizá Emilio le imagina a las puertas de algo más grande, dispuesto a empujarme de vuelta al interior de mi propio cuerpo si se me ocurre tener la poca decencia de perderme en el camino. No lo sé.

No puedo saberlo.

(Sigo dormida).

Durante más de cinco horas, no existo. No soy nada. Duermo. O no. Estar anestesiada es similar a dormir, excepto porque no te enteras de nada. Nada perturba mi ausencia, y yo me quedo suspendida en un limbo en el que no se oyen las indicaciones de los doctores ni los avances. No oigo las máquinas y tampoco oigo las posibles quejas de nadie en mitad de una hipotética complicación inesperada.

(Creo que sigo dormida).

Respiro. Estoy bocabajo sobre la mesa de operaciones. Respiro más fuerte. O alguien respira fuerte a través de su mascarilla; a través de los guantes, de las manos. Uniformes, pero uniformes distintos. Me lo tengo que imaginar todo porque, aunque lo estoy viviendo, no lo he vivido; aunque ocurre, ocurre sin mí.

Resulta irónico estar inconsciente en el momento más crucial de tu vida. Pero ¿alguien recuerda nacer? ¿Alguien recuerda abrir los ojos por primera vez? ¿Alguien recuerda su propio llanto o cómo apretaba los puños?

Quizá sea mejor imaginar que el día de hoy es como aquel primer día.

Puedo imaginar a los doctores en la sala, la sangre, el esfuerzo, el llanto, la pena, el miedo, la muerte. También puedo ver la vida, una nueva y tortuosa. Puedo imaginar que voy a levantarme gritando. También a los tres doctores que recorren el pasillo en busca de mis padres: Víctor, Estrella y un tercer doctor, el jefe de servicio, el doctor Ley. Mi familia aguarda en un pesebre hecho de sillas de plástico y vasos de papel con café.

Imagino que el doctor que es más alto que ninguno de los otros dos sonríe como lo habría hecho Fonchu. Veo que se quita la mascarilla, que toma aire.

—Ya está —suelta.

Mi madre caza el amago de una sonrisa en Estrella.

Lo primero que uno hace al nacer es berrear.

—¡Parad! —Me despierto en mitad de la nada y todo cuanto puedo hacer es gritar. Pedir auxilio—. ¡Parad! ¡Ayuda! ¡Estoy despierta! ¡Por favor, por favor!

La enfermera entra por la puerta con el corazón en la mano y la acreditación colgando del cuello. Se acerca a la cama con agilidad y me sostiene antes de que pueda hacerme daño.

Agito las manos en el aire y ella me las sostiene.

—¡Estoy despierta!

Ella sonríe y asiente.

—Sí lo estás, sí —me dice—. Pero ya está. Ya está, Belén. Ya se acabó la operación.

—¿Ya está?

Suelto una risilla, emocionada, y me sorbo la nariz.

—Hace un ratito. Ten cuidado. Cuidado, no seas brusca. Ahí... Estamos esperando a subirte a planta.

Cojo una bocanada de aire enorme. Me mareo. Miro a la enfermera y no sé si quiero preguntarle algo. No sé si quiero saber la respuesta. No descifro las emociones de su cara porque tampoco soy capaz de descifrar las mías.

Derrocho todas mis energías en sumar números y recitar trabalenguas en mi cabeza. Es difícil, pero la agilidad regresa poco a poco. Sumas, restas. Recuerdo las letras.

Recuerdo mi nombre.

—Qué susto, Belén —me suelta la enfermera, sincera.

La veo apoyarse en la camilla para tomar aire.

—Perdón.

La oigo reír, así que me río con ella, abochornada.

—Verás, es que una vez, en *Anatomía de Grey*...

16

Me avisaron de que el posoperatorio sería difícil. Pese al éxito de la operación y el esfuerzo, ahora llega la parte más tediosa. Llega el momento en el que ya solo nos queda esperar a los resultados y curar. O intentarlo.

No existe intención de volver a intervenir. Lo conseguimos: me han extraído todo lo que han podido del tumor y me han vuelto a cerrar. Sigo viva. Sigo aquí. Sigo notando los pies, las caderas, los brazos, las rodillas, el cuello y hasta la punta de la nariz.

Todo va según lo acordado.

Tal y como dijeron, ha sido en cuestión de horas que el dolor ha vuelto. Y ha vuelto con aún más fuerza que antes. El gotero que han puesto junto a la cama hace las veces de testigo. De nuevo, Emilio y mis padres están aquí para verlo también.

Últimamente no puedo dejar de pensar en correr; o, por extensión, de soñar con ello. Corro y corro por pasillos. Corro por hospitales. Corro a través de aeropuertos. Pero, cuando despierto, sigo tirada en esa misma anodina habitación; sigo atada a un cuerpo que no responde.

Después de la operación, y tras el numerito de gritar al despertar, Emilio entró en la habitación. Mis padres llegaron al instante, con todas mis cosas. Sé que hace un buen rato de eso, pero no sabría cómo calcular el tiempo.

Sé que he cenado y que he dormido.

Lo único que me sitúa en el espacio-tiempo es lo mucho que me duele todo.

Dijeron que sería cuestión de cuarenta y ocho horas. Ninguno quiso decir que fueran las últimas cuarenta y ocho *antes de*, pero cuando estás en mi posición, aprendes a leer entre líneas. Cuarenta y ocho, dijeron. Después de cuarenta y ocho horas tras la intervención, comentó Estrella, la médula se expande y dejas de poder moverte.

Con ella se expande también mi capacidad para sentir dolor. Mi mano se queda encogida, mis piernas desaparecen. Mi cuerpo se transforma en un montón de hueso, cartílago y carne que no responde a nada ni a nadie.

Es como si hubieran saltado los plomos, pienso. Quiero pensar que es buena señal. Los plomos solo saltan cuando hay un error en el sistema. Eso solo significa que mi cuerpo se ha apagado para evitar problemas mayores. Aunque soy consciente de ello de una forma lógica y tangible, saberlo no me evita entrar en pánico. ¿Y si no es así? ¿Y si algo no va bien?

Sé que los días pasan, aunque no tengo forma de entenderlos. Sé que las cosas siguen ocurriendo. Sin embargo, en el centro de esa casa sin luces en la que me he convertido, lo único que ocurre es que el dolor me acorrala.

Ya no es solo en el cuello o en la espalda, que sería lo lógico, sino también en rincones que suelen pasar desapercibidos. Me duele el cuero cabelludo. Me arde justo debajo de las uñas. Algo me clava agujas en la línea del párpado, y temo que las responsables sean mis propias y frágiles pestañas.

Duele, y no hay nada que nadie pueda hacer para remediarlo. Nadie puede hacer nada por mí. Los doctores me han traído morfina, pero la morfina es la segunda palabra con M que más miedo me da, así que no la uso.

Me da miedo ausentarme aún más que ahora.

Me digo a mí misma que puedo aguantar, pero sollozo en busca de mi madre como lo haría si aún fuera una criatura. Imagino que me busca a tientas, a oscuras, y que me encuentra cada vez. También lo hace mi padre.

Lo hace Emilio, cada tarde.

—Belén, si te duele mucho…

—No —refunfuño—. No me duele mucho. Me duele, pero es lo normal, ¿no?

Parte de mí está orgullosa de descubrir que mi umbral del dolor es amplio. Creo que se expande con la misma agilidad con la que se expande el dolor en sí. Los dos crecemos de la mano. Yo me armo de valor y el dolor me sigue. Bailamos la misma canción que llevamos bailando todo este tiempo. Pero lo importante es que no me rindo. En lugar de eso, me digo que estoy a la altura de la prueba que tengo delante. Que estoy más que preparada.

Que puedo.

Puedo, puedo, puedo.

Claro que hay ratos en los que siento que no. Hay demasiados ratos en los que pienso que voy a perder la cordura. Voy y vengo. Parpadeo y, paranoica, me da por pensar que en la sala de operaciones me cambiaron de cuerpo.

Como la luz no vuelve, me entran ganas de empezar a gritar para que lo arreglen cuanto antes. ¿Cuánto más puedo aguantar así? ¿Sin sentir nada que no sea dolor? ¿Y por qué debo aguantar? Me enfado y me entristezco, y me lleno de rabia, dolor y pena. Desespero. Pero ¿quién no desesperaría en un momento así?

Lo que no hago es gritar, aunque querría. Por un lado, no lo hago porque sería imposible; y, por otro, porque, aunque el dolor intente hacerme tirar la toalla, la toalla es mía. No pienso soltarla. Seré la última en pie. Por eso, en lugar de gritar, de patalear, de quejarme, me quedo quieta.

Acepto que estoy en la cama, presa de músculos, hueso y articulaciones en desuso. En vez de pelear, me aferro a mi fe, a mi deseo de ponerme en pie y fantaseo con escapar, claro.

Me hincho como un globo y sobrevuelo la escena.

Salgo de mi propio cuerpo y me cuelgo del techo para ver a mis padres. Veo a mi madre subir y bajar las persianas, siguiendo el sol de verano. Veo a mi padre sentarse a mi lado y leer en mi teléfono. Veo a Emilio. Veo a dos de mis mejores amigos casarse a través de una ventana imposible y consigo dedicarles una sonrisa gracias a la magia de internet.

Últimamente me salen caras, pero las regalo igualmente.

Los minutos y las horas se dilatan. Las escenas se repiten. Las enfermeras entran y salen, mi padre lee, Emilio entra por la puerta y mi madre baja las persianas para que el sol no me dé en la cara.

La morfina sigue ahí, pero no quiero ni pensar en ella.

Si me duele, pienso, es porque todavía puedo sentir algo. A eso me acojo cada vez. Cada vez que quiero gritar. Cada vez que quiero arrancarme la piel a tiras. Cada vez que quiero salir huyendo de aquí. Cada vez que quiero llorar y no lo hago porque llorar sería aún más doloroso.

Me quedo ahí, extendida sobre la cama como una muñeca de trapo y aguanto.

Aguanto, aguanto, aguanto.

—¿Emilio?

Es tarde. Llevamos más de diez días en el hospital. Hará casi una semana desde la operación. Creo. No veo el calendario desde donde estoy. Sé que mañana nos visitará alguien, porque mi madre ha insistido en que iba a gustarme, pero me cuesta retener la información.

—Dime.

Me acaricia el brazo aunque no pueda sentirlo. Yo reúno todas mis fuerzas para decir lo que sé que tengo que decir.

Lo que quiero que todo el mundo sepa.

—Me voy a volver levantar —juro. Se lo juro a él y me lo juro a mí misma—. En cuanto pueda andar, voy a ser la que mejor camine de todo Madrid, ya verás.

—Por supuesto.

—Me voy a levantar.

—Pero ahora no, ¿no?

Río suavemente.

—No, ahora no. Pero en cuanto me tenga en pie, voy a darme una ducha eterna. Y luego, ¿sabes dónde voy a ir?

Emilio me mira, sorprendido, y niega con la cabeza. Me mira con expectación.

—A clase de *spinning*, que hace mucho que no voy y seguro que me echan de menos.

Hoy es Emilio quien ríe. A mí, la risa no me llega aún al pecho. Se me queda colgada en la boca, en una sonrisa torcida. «Pero llegará», me digo.

Sé que ese momento llegará.

Y cuando llegue, voy a estar más que preparada para disfrutarlo al máximo.

17

La habitación parece un circo de barrio. La auxiliar y mi madre han colocado bolsas de plástico por todas partes. La habitación está patas arriba. La percha que hace las veces de burro de ropa está en medio de todo el jalelo. Mi madre, que se muere por tener algo en las manos, se da prisa y la coloca fuera, junto a la puerta, para que no moleste. Mi padre ayuda a la auxiliar a sacar un par de barreños de agua del minúsculo baño verde.

Tenía tantas ganas de lavarme el pelo que cuando Patri me echa un vistazo, me ve cortocircuitar en la camilla. No sabe si estoy riendo o llorando, feliz o preocupada.

—Ay, madre mía.

—Tú no te apures —dice, cargada con agua y jabón—, que parece mucha cosa, pero no es nada.

Hace una semana de la operación. No puedo moverme. Todo cuanto me ocurre, me ocurre de forma casi ajena. Me dan de comer, me bañan, me ayudan a ir al baño, me peinan, me recolocan las almohadas. Soy como la muñeca vestida de azul, que cuando se despista vuelve a estar sumando para ver si recuerda todo cuanto recordaba antes; para ver si todavía soy capaz de hacer todo lo que podía hacer antes. Y, obviamente, no puedo.

Dos y dos son cuatro, cuatro y dos son seis. Seis y dos son ocho y ocho son los cubos de agua que Patri usa para lavarme el pelo por primera vez en días.

Mi madre insiste en usar el vaso de la Virgen que se trajo de casa. Dice que es para que me quede más bonito, más sano. Si pudiera taparme la cara, lo haría. No creo que la vergüenza de ser incapaz de hacer cosas que antes daba por sentadas vaya a desaparecer así porque sí. Pero como no puedo taparme la cara, cierro los ojos.

Puedo oírlas hablar. Puedo oír el agua y puedo sentir, aunque de forma un tanto apagada, el cuidadoso paso de los dedos de la auxiliar a través de mi pelo.

—Qué limpio te está quedando —comenta.

Mi madre no habla, e imagino que es porque se ha quedado atrapada en el color del agua. En la suciedad que sale de mi cabeza. Imagino que es entonces cuando comprende cuántas son las pequeñas heridas que tengo en la cabeza, consecuencia de la máscara que necesitaba llevar para la operación.

Imagino que le da vértigo y la sitúo a medida que se aleja. Pasa de un lado de la habitación al otro. Oigo a mi padre pisar las bolsas de plástico que han pegado al suelo para no mancharlo y asumo que se encuentran en el camino.

—Ojo, no lo dejes ahí, que se lo bebe —dice mi padre, con un tono jocoso.

Abro los ojos, sorprendida, pero no logro verle. Sigo vestida con el camisón, con la cabeza al borde de la camilla. Llevo aquí desde hace fácilmente una hora, cuando han aparecido con bolsas de basura y barreños para lavarme el pelo. Patri recupera el vaso de agua que está usando para aclararme el champú y suelta una risilla.

—¿Tanta sed tienes, Belén?

Mi madre sonríe, algo más tímida.

—Lo dice porque de chiquita se bebía el agua de la bañera si no prestabas atención.

—Y se quería comer el jabón que olía a chuche, también.

Si pudiera, les echaría la bronca. Sin embargo, entiendo por qué lo dicen. Entiendo por qué es importante recordarlo o pensar en ello ahora. Desde el momento en el que llegué a este mundo, mis padres han estado cuidando de mí. De una forma u otra. No importa si soy una mujer adulta. No importa si crezco más o menos, o si me mudo al país más lejano del universo.

Para ellos sigo siendo la misma Belén que se bebía el agua de la bañera.

Tanto para lo bueno como para lo malo.

—¿Hace falta contarle mis vergüenzas a la pobre Patri?

—Nadie te conoce como nosotros —suelta mi padre—. Estamos aquí de consejeros.

La auxiliar sonríe. Me escurre el pelo con una toalla y me mira con una sonrisa. Cada uno de sus gestos está lleno de cuidado, y creo que ambas encontramos ternura en la manera en la que mis padres hablan.

En lo que dicen.

—La mía se comía las plantas desde el tacatá —añade Patri.

—Ah, la pequeña nuestra también —suelta mi madre—. Tuve que tirar unas cuantas.

La auxiliar me seca el pelo con cuidado y me pregunta si no preferiría tenerlo más corto. Yo le digo que no, que me gusta mucho así de largo. Discutimos sobre cosas banales y la mañana nos separa al rato.

Mis padres echan la tarde en recoger la habitación y darme de comer un día más.

Cuando llega Emilio, tengo un algo clavado en el pecho y no sé cómo sacarlo. Vemos una película y, por supuesto, es una película malísima. Al parecer, si algo sigue en pie en esta vida mía es que siempre elegimos la peor película. Suelto una risilla y pierdo el hilo de la historia a los diez minutos.

Me quedo dormida sin darme cuenta siquiera.

18

La cosa de los tumores es que pueden ser buenos o malos. Y como pueden ser buenos o malos, me aferro a la idea de que el mío no tenía mala fe. Me digo que es todo un cúmulo de coincidencias. Que sí, que vale, que es un tumor. Pero ¿y si el pobre se equivocó? ¿Y si ha metido la pata y ahora se arrepiente?

Sé que no es lo más común. De hecho, todo apunta a lo contrario: el aumento del dolor, el riesgo de la operación, el ingreso inminente. Pero si mi diagnóstico es tan único y especial que nadie puede decirme exactamente qué está ocurriendo conmigo, espero que sea para lo bueno también.

Julio se acaba.

Los primeros días del posoperatorio están ya en un pasado próximo. Están presentes como un moratón, pero lo suficientemente distantes como para que gran parte de mi rutina transcurra entre almohadas. Tiro las horas en intentar mover los dedos del pie o en apartarme el pelo de la cara.

No lo consigo siempre, pero a veces siento un pequeño cosquilleo en el dedo gordo y la sensación es embriagadora.

Hoy tenemos visita.

Mi madre y mi padre están en sus puestos habituales. Emilio está conmigo también. Víctor sigue llevando su uniforme. Por mucho que quiera, ciertas cosas no cambian. Seguimos en el hospital, sigo enferma.

—Belén —dice Víctor—, continuamos trabajando en la biopsia.

Dejo de prestar atención a mis dedos y aprovecho para recibir visitas ahora que parece que ya tengo horas regulares y malas, no solo horribles. Ayer vino Mercedes. Anteayer vinieron Ana y su marido. Además, he visto a Lucía. Y lo que trae Víctor ahora van ser buenas noticias también, ¿verdad?

De esta cama solo podemos ir a más.

Solo podemos volver a levantarnos.

—Conseguimos lo que nos proponíamos con la intervención, pero me temo que vamos a tener que esperar un pelín más. Queremos asegurarnos de que hemos analizado al detalle las características del trozo de tumor que extrajimos.

—Pero... —Mi madre da un paso al frente—. ¿Y qué pasa con lo que queda del tumor?

Víctor mete las manos en los bolsillos de su bata.

—No tenéis que preocuparos por eso ahora. Lo importante es que Belén siga recuperándose. Mientras, nosotros queremos asegurarnos de que sabemos todo lo necesario y más sobre ese tumor. Pasaba a contaros que lo vamos a mandar al 12 de Octubre, el hospital. Allí le echarán un segundo vistazo los compañeros.

—Ah.

—No está de más el constatar.

—Pero ¿ya sabemos si es malo o bueno? —pregunto.

Víctor coge aire. Llevo aquí el suficiente tiempo como para distinguir las caras de malas noticias de las caras que no quieren anticiparse a ellas.

—Aún no —responde, honesto.

Yo tampoco quiero hacerme ilusiones o ponerme en lo peor. Es un equilibrio muy delicado.

—Bueno, pues a ver qué nos dicen —concluye mi padre.

—Por otro lado, me han comentado que mueves un dedo del pie. Muy bien, ¿no? —Sonríe Víctor.

Siento un rubor, y mi madre me aprieta la mano. ¡Qué cosa tan tonta, que te elogien el mover un dedo del pie! Pero supongo que no puedo avergonzarme de algo así. En especial sabiendo que hará apenas un par de días, la idea de sentir el dedo en sí ya parecía imposible.

Tras las noticias neutrales de Víctor, la recuperación sigue su curso. No resulta ni más fácil ni más difícil. Ocurre; o asumimos que ocurre. Creo que lo que más miedo me da es sentir que solo estamos esperando. Y por eso mismo no espero.

Por eso mismo me miro los dedos de los pies mientras el resto habla, mientras alguien trae la comida, la cena, el almuerzo. Me centro en moverlos yo sola, y trato de apartarme el pelo de la cara también.

Hago lo que puedo, como puedo.

Y cuando resulta de lo más frustrante, y las lágrimas llegan, es mi madre quien me aparta ese estúpido mechón de la cara y me mira con cuidado, con ternura.

—No te pongas así —me pide.

—Pero ¡debería poder...!

Ella me sostiene la cara entre las manos, frente a mi padre, y frunce el ceño en un amago de puchero. «Es raro», pienso. Muchas veces, mi madre intenta mostrar una emoción muy distinta a la que siente. Aun así, puedo descifrarla.

Después de todo, su rostro es el primero que aprendí a leer.

—Ya te saldrá —asegura—. Poco a poco, Belén. Nadie espera que te recuperes de sopetón, ¿vale?

—Es que no puedo más —sollozo.

—Solo tienes que aguantar un poquito más —me dice, y me limpia las lágrimas con los pulgares—. Y después de eso, un poquito más. Y después ya estará.

19

EL VERANO SUBE COMO LA MAREA. Agosto llega con fuerza. Este año, las olas de calor golpean los laterales de los edificios y los zarandean. Madrid entero se ve engullido en sofocos, y los abanicos y los aires acondicionados no consiguen aliviar el impacto de las altas temperaturas.

Me encantaría hablar de eso. De eso y de cómo, por alguna razón, las temperaturas no bajan por la noche. Sin embargo, hay temas mucho más bochornosos y candentes en mis manos ahora mismo.

—Voy a acabar montando un mercadillo, tanto camisón.

Lo digo entre risas, por lo bajini. Emilio, que empuja la silla de ruedas, se ríe conmigo. Mi padre, que lleva dos de los tres palos con ruedas —de esos que se usan para el suero— en los que tengo colgados todos mis camisones, suelta una carcajada.

—No, y ya los puedes vender. Porque todos estos camisones no te caben en el piso nuevo, ¿eh? Tienes que echar a Emilio.

Ah, el piso nuevo.

Nuestro piso.

Otra de las mil cosas que están suspendidas en el aire.

—Vamos a tener que dormir en el salón. —Ríe Emilio.

—Por lo menos los palos estos son prácticos —suelta mi madre, divertida—. Con sus ruedines y todo.

Nos cambian de habitación. Hoy le decimos adiós a la esquina, a la silla y a la ventana. Por desgracia, solo vamos hasta el final del pasillo. Las cambiamos por otras esquinas, otras sillas y otras ventanas. Seguimos anclados en el hospital, aunque visto lo visto quizá sea mejor así. Hoy dan cuarenta y tres grados de máxima. No quiero ni imaginar el calor que estará pasando Lucía en casa.

Con la ropa y los cojines hacemos mudanza de jarrones. Las flores llegan cuando ya estoy en mi nueva cama. Emilio y mi padre traen los ramos que aún aguantarán un par de días, las velas y las estampitas. Mi madre lo coloca todo en un pequeño altar sobre el alféizar y trastea con la persiana hasta que considera que entra la luz suficiente para las flores.

Emilio trastea a su vez con el teléfono y suelta una pequeña risa. Me muestra la pantalla, divertido.

—Han cambiado el nombre del grupo para organizarnos para las visitas a la Plaza de Belén —explica.

Mi padre chasquea la lengua, divertido, y comprueba la comodidad de su nuevo asiento.

La Plaza de Belén es como las enfermeras llaman ahora a la sala de espera de la planta. Al parecer, nadie recibe ni tantas visitas ni de forma tan habitual. No quiero darle demasiadas vueltas ni preocuparme por molestar a otros pacientes, pero últimamente todo me da siempre un pelín de pena.

Me centro en las cosas graciosas, en las ironías de la vida. Me esfuerzo en no mirar directamente a lo que podría hacerme daño, como si así pudiera evitarlo. No obstante, por mucho que huya de esa lástima o de ese dolor, ambos me atrapan siempre en mitad de la noche.

Tenía tantas ganas de este verano... Quería ir de boda, y de vuelta a Menorca. Quería ir de viaje. Quería salir a caminar y a perderme por el monte. Quería ver las perseidas, de las que mi padre lleva hablando toda la semana porque se ve que este año se ven genial. Quería verme en el espejo sin pensar que estoy hecha de pedazos. Y, sin embargo, la oportunidad de todo ello se ha borrado como huellas en la arena.

A principios de verano, mi vida tomó un desvío. Descarriló. Por eso estoy ahora aquí. Tengo que repetírmelo cada vez que me despierto. Me lo digo una y otra vez. Que soy yo; que está ocurriendo. Aun así, en ocasiones parece que le está ocurriendo a una persona completamente distinta.

A medida que pasan los días, la Belén Globo se deshincha un poco. Muevo el dedo del pie. Levanto el brazo. Suelto un par de risas tontas. Bromeo. Participo en cosas de lo más simples, como vestirme o apartarme el pelo de la cara.

Descubro que mi madre tenía razón, incluso cuando no podía confiar en ello hará un par de días: solo es cuestión de aguantar un poquito más. Está siendo difícil, pero nada ni nadie lo detiene. ¿Por qué iba a frenarme yo?

El camino está siendo eterno y arduo, sí, pero hay mil cosas al otro lado.

Todo ha ocurrido en cuestión de un mes. El diagnóstico, la operación, la medicación, la espera, mi cuerpo tieso sobre una cama, mi espalda hundida en almohadas. Pero una mañana, cuando me visita la fisioterapeuta, me doy cuenta de que estoy sentada.

Estoy sentada con las manos sobre las rodillas y aguanto mi propio peso. Mi madre me mira, con una dosis de orgullo, y las dos empezamos a quejarnos y a girar la cara para no echarnos a llorar. Porque tenía razón.

Queda este poquito y un poquito más.

Los primeros días de rehabilitación son de lo más emocionantes. También son agotadores. Logro mover los brazos, y ocurre de pronto. Logro mover las piernas, que cuelgan. También logro mantenerme erguida, sentada junto a las flores, y poso para la foto en la que descubro que todavía me queda algo de paz para mí misma.

Cada día es una batalla, y no siempre salgo victoriosa. Sin embargo, incluso cuando creo que me vengo abajo, siempre hay alguien para sostenerme.

—¿Quieres probar? —pregunta Alicia, la fisio.

Estamos con mi madre en la habitación. Ayer me puse en pie, aunque no sola. Aguanté de pie casi medio minuto. Teniendo en cuenta que me han sacado un tumor bien grande de la médula y que hasta hace nada creía que mis pestañas eran navajas clavadas en mis párpados, es un logro titánico.

Hoy estoy de pie otra vez, y el cuerpo de la fisioterapeuta se aleja del mío como si pudiera leerme la mente.

—Venga —me anima.

Mi madre se incorpora y se acerca, pero se cruza de brazos. La miro, sin saber si mi valentía es estupidez.

—Vamos, Belén —dice.

—Si no puedes, te cojo.

La fisioterapeuta no me suelta, porque no podría. No somos capaces de obrar ese milagro de sopetón. Me sostiene como buenamente puede y espera a que reúna el coraje para hacer lo que ahora parece que he deseado hacer toda la vida.

Me encantaba caminar. Me encanta. Es algo que me ha gustado siempre. Ir a sitios. Moverme. La idea de recuperar el movimiento es lo único que me empuja y por eso coloco un pie delante del otro.

Coloco un pie delante del otro como lo hubiera puesto para posar en las fotos de las bodas de mis amigas.

Coloco un pie delante del otro como lo hubiera hecho en el aeropuerto, de camino a Menorca.

Coloco un pie delante del otro como quien lo pondría sobre la última roca de una cima, y me vuelvo para ver a Emilio.

No ando. No aún. No puedo caminar, pero logro estabilizar mi peso en ambos pies. Cojo aire y dejo que la fisioterapeuta me ayude, como prometió que haría. Solo muevo un pie y me tiemblan las rodillas. Con todo, a juzgar por el rostro de Alicia, la fisio, parece que he movido montañas.

20

Alicia se convierte en otra de mis personas favoritas. A lo largo de la primera quincena de agosto pasamos de chocar mi codo con sus palmas, o la punta de los pies con sus palmas, a ponernos en pie. Bueno, yo soy la que se está poniendo en pie. Ella no se sienta nunca, ni siquiera cuando me sienta a mí a la mesa y me da las piezas que quiere que sostenga con mi mano vaga.

(He decidido que llamarla «mi mano vaga» es mejor que llamarla «mi mano muerta». Recibo menos miraditas de preocupación).

La cuestión es que Alicia y yo pasamos de caminar desde la cama hasta la silla de ruedas a caminar desde la cama hasta la puerta. Allí me espera la silla. Parece que cada día me la pone un pelín más lejos, algo que aprecio. Día a día, las cosas mejoran incluso cuando parece que no.

Hoy, sin embargo, ya es el que parece el mejor día de mi vida.

Alicia ha dejado la silla en el pasillo. En el medio del pasillo, para ser más exactos. Cruzamos el umbral de la puerta, que es nuestro reto semanal, juntas. Ahora veo el pasillo desde una altura diferente a la que me había acostumbrado. Después veo la silla.

Ella me mira, yo la miro a ella.

Entre nosotras corre electricidad en estado puro. Mi corazón late con fuerza.

—Despacito, ¿eh?

Algo me dice: «Eh, Belén Globo, ¿recuerdas cuando pensaste que te ibas a pudrir en la cama? Hoy tu fisio cree que puedes llegar hasta esa silla. Chúpate esa».

—Y con buena letra.

Nadie me presta demasiada atención en ese momento; al menos no hasta que mi padre da un aplauso de ilusión.

—¡Ay, mi Belén! —Una de mis enfermeras se asoma al pasillo de pura casualidad—. ¿Te bajas al gimnasio?

—Allá vamos.

Otro de mis fisioterapeutas se asoma al pasillo al oír mi nombre. Corre a nuestro encuentro. Le sonríe a Alicia y me ayuda a sostener mi propio peso para avanzar un poco más ligera. La gente me ve tambalearme, pero no me detiene.

Sé que Emilio graba el momento, que mi madre aguanta la respiración. También me sé las reglas de memoria, y sé que no debo esforzarme de más. Si lo hago, corro el riesgo de agotar todas mis energías de a una y tener que tirar la toalla antes de hora. Lo que necesito es resistencia, ¿verdad?

Aun así, juego hasta la última de mis cartas. Lo hago como si fuera un jugador de rugby y no una paciente de hospital. Como si fuera la atleta que nunca fui, vamos.

Aguanto un pelín más.

Y luego un pelín más.

Es así como lo que parecía imposible ocurre sin más. Tanto lo bueno como lo malo ocurre así: de repente.

—Vamos, Belén, ya casi lo tienes —pide Alicia.

Los cuento: doy siete pasos a lo largo del pasillo antes de sentarme en la silla. Siete.

Miro a Alicia desde abajo y le dedico la sonrisa más grande que tengo. Ella me sonríe con la misma energía. También lo hace el otro fisioterapeuta, que me tiende una mano para que se la choque como si estuviéramos en un patio de recreo.

Y quizá la vida es un patio de recreo, pienso de pronto. Creo que he aprendido que lo más importante es tener la valentía de jugar.

—¡QUÉ HAMBRE!

Se lo digo a mi madre, como si fuera una chiquilla. Ya estoy de vuelta en la habitación. La mañana ha terminado. La silla de ruedas está en la esquina y me cuelgan las piernas por el borde de la cama. Esta mañana me han hecho trenzas.

Mi madre me mira como si fuera una chiquilla y se ríe, como si de golpe hubiéramos retrocedido en el tiempo.

—Hombre, después de semejante maratón.

—Un poco más y está en Sevilla antes de que nos demos cuenta —añade mi padre, divertido—. A esa velocidad, pasa a Fernando Alonso.

Emilio no está, pero su último beso sigue en mis labios como una huella en la arena. Me ayuda a sonreír.

—¿Os han dicho qué hay hoy para comer?

«Ojalá pudiera balancear las piernas», pienso. No lo hago por si acaso. No me gustaría perder el equilibrio. Antes de que pueda tener la mala idea de intentarlo, mi madre me ayuda a subirlas a la cama y me las tapa con las sábanas.

—Crema de calabaza, creo.

—Ah, pues estaba bien rica la última vez.

La rehabilitación me devuelve el color al rostro. Me da una meta. Me da objetivos que tienen sentido. Cumplo con cada uno de ellos a rajatabla ante la sorpresa de los fisios, las enfermeras y los médicos por igual. Presumo un poco porque me llena de orgullo saber que mi valor tiene un efecto casi inmediato en todo cuanto consigo.

Caminar.

Aguantar el dolor.

No hundirme sin más.

Agosto es para los valientes, recuerdo. La gente no es valiente porque no tenga jamás miedo o dudas; o problemas. La gente es valiente cuando tiene miedo y tiene dudas y, aun así, se lanza. Yo estoy haciendo todo cuanto puedo y más. A cada minuto. A cada instante. Lo doy todo de mí.

Emilio llega a la tarde y a medio gas. Me cuenta que ha tomado las medidas del dormitorio para cuando las necesitemos. Resulta raro, pero no lo cuestiono. Supongo que también tenemos que hacernos cargo de eso, ¿no? Porque nuestra vida sigue adelante. Pese a los trompicones, pese a los sustos.

¿Por qué deberíamos detenernos?

—Hola, Belén.

Es Víctor otra vez. Mi padre se pone en pie, mi madre recoloca la persiana. Emilio me busca la mano. Nos miramos los unos a los otros como si alguno tuviera la respuesta.

—Quería verte en persona —empieza. Y suena fatal. Suena a derrota—. Hemos recibido el informe del hospital y se confirman nuestras peores sospechas. Esta tarde van a acercarse los oncólogos a verte.

Oncólogos.

—Prefiero que sean ellos quienes te den los detalles —sigue—. Pero también quería ser yo quien te lo dijera.

Estrella no entra. Se fue después de la operación. Escribió desde Atlanta para desearme suerte. Su vida siguió, más allá de la mía, y ahora mismo parece que va a ser así para siempre.

Nos cruzamos en un punto y ya no nos volveremos a ver.

—Entonces es cáncer —concluyo.

No es una pregunta, así que Víctor no encuentra la respuesta. Coge aire y lo suelta. Se encoge. Aprieta los labios y otorga.

¡Qué tonta he sido! Qué inocente. ¿Qué otra cosa iba a ser? ¿Para qué llamarían a los oncólogos, si no? ¿De dónde sale el dolor? ¿Por qué tanta urgencia por sacar el tumor, por analizarlo?

Lo sabíamos.

Todos lo pensamos.

No lo dijimos, pero lo pensamos.

Nadie dice nunca la palabra que empieza con C, como nadie quiere decir nunca la que empieza con M.

Mi vocabulario se encoge como no lo hace la parte restante del tumor que creció en mi médula. Me quedo en silencio. Mi madre pregunta. Mi padre pregunta. Emilio pregunta. De todas las preguntas que me quedan por hacer, ninguna parece llegar a salir de mi boca.

Por la tarde, los oncólogos responden todas las que pueden. Dicen que el tumor era grande, en estadio 4. Dicen radioterapia y quimioterapia a la vez, etapa difícil, complicaciones, riesgos, tumor, intervención, recuperación, rehabilitación, médula, pérdida, evolución, baches. Dicen mil y una palabras, pero ninguno dice la palabra con C.

Me pregunto si es porque están intentando eliminarla del diccionario para ver si así se deshacen de él.

La idea me impacta de verdad a medianoche, que es cuando la planta está en silencio, mis padres fingen dormir y cuando Emilio da una cabezada en la silla que hay junto a mi cama. Me entra en el pecho como un balazo a la misma hora de siempre. Es la hora en la que me quedo sola conmigo misma y el día se me viene encima.

Es cáncer.

Tengo cáncer.

REVIVIR 2

21

Pues hay que matar al cáncer, supongo. Hay que ir a una batalla más. ¿De qué me serviría darme por vencida? De nada. Y sería peor. ¿Qué haría? ¿Hundirme en la cama y esperar? Eso sería terrible. Sería volver a flotar, volver a perder los preciados minutos que pasan. No pienso tirar la toalla.

Ni de coña.

Si me quedan dos días, espero que la muerte me pille incorporada en la cama y riendo. Espero que me pille recorriendo el pasillo hasta mi silla.

Me niego a pudrirme sin más.

Desde que entré al hospital, he tenido la sensación de que había algo que pendía de un hilo por encima de mí. Estaba justo en mi punto ciego y nunca lograba ver lo que era. Después de la visita de los oncólogos, ya sé lo que es: es un reloj.

Es una cuenta atrás.

Por las noches, ilumina la habitación con una extraña luz roja, como si fuera un despertador digital. Durante el día, el segundero me taladra las sienes.

Ahora que puedo verlo me he dado cuenta de que gano y pierdo minutos de forma totalmente infundada. Mis sentimientos juegan con los números como les da la gana: cuanto más desespero, más rápido avanza la cuenta atrás. Sin embargo, si logro ponerme en pie, recupero segundos. Los números se congelan. El reloj se queda mudo y quieto.

Parece que juego al ajedrez.

Lo que no sé es contra qué o quién, en concreto.

—Es aconsejable posponer las terapias de rehabilitación para después de la quimioterapia —informa el oncólogo.

Sentada en la cama, niego con convicción y protesto como si estuviera en el juzgado.

—Si no recupero el movimiento antes de los tres meses, habré perdido la movilidad en esas áreas para siempre.

—El doble tratamiento va a ser agotador —me advierte—. Tus energías van a consumirse y va a ser muy duro. Es muy recomendable que aproveches todo el tiempo que tengas para descansar.

—Lo entiendo —digo. Hablo con tal seriedad que nadie más se atreve a llevarme la contraria. Ni mi madre ni Emilio—. Pero seguiré con la rehabilitación.

—Belén, piénsalo bien.

—Creo que puedo hacerlo, y me está viniendo muy bien para no sentir que me muero, doctor.

Dado que la palabra con C ha cobrado tanto peso, parece que la palabra con M tiene permiso para salir a pasear. Estoy haciéndome a la idea de que, si voy a estar en constante riesgo de muerte por la razón a o b, al menos tengo derecho a decir la palabreja en voz alta.

Tengo derecho a pedir un helado por capricho y tengo derecho a pedir que me dejen ir a rehabilitación hasta el último de los días de mi corta vida.

—Está bien.

—Gracias.

—De todas maneras, por calendario, vas a tener un primer día de prueba y uno de descanso —nos cuenta—. El 15 haremos pausa, porque es fiesta. Luego vas a poder notar los efectos esa primera semana, y si después prefieres suspender la rehabilitación hasta que te sientas mejor, no lo dudes. La suspendemos.

—Si yo creo que necesito parar, doctor, le prometo que lo haré.

Y aunque en parte entiendo que su preocupación viene por lo difícil de todo cuanto me ha tocado vivir, soy un tanto mentirosa cuando se lo digo. No quiero parar. No quiero detenerme. Cuando me detengo es cuando peor me siento. Necesito luchar. Necesito tenerme en pie. Si no, ¿para qué? ¿De qué ha servido este último mes?

La gente te dice que no se puede correr con un tobillo roto. Te dicen que hay que saber descansar. Te dicen que te tomes tu tiempo. Y tú, que estás tirada en la cama viendo la dichosa luz roja que parpadea, viendo tu cuenta atrás, quieres gritarles que si no corres ahora es probable que no corras jamás.

Yo soy la primera en ponerme en lo peor, pero me preocupé lo suficiente ayer por la noche. Ahora vuelve a ser de día y pienso hacer de todas esas preocupaciones un rosario. Pienso repetirme una y otra vez que lo que tengo que hacer es levantarme, que mi esfuerzo tendrá recompensa.

Me va a costar hacerme a la idea de que todo esto es cierto, de que esta es mi nueva realidad, pero no voy a dejar que todo lo demás se empañe. No voy a perder de vista el pasillo por el que ya caminaba o el olor de las flores que no dejan de llegar.

Llevo todo este tiempo tomando medicación de todo tipo, en especial para paliar el dolor. El dolor no ha desaparecido, pero la compañía forzada me obliga a tolerarlo constantemente. Mi umbral del dolor sigue siendo del tamaño del Arco del Triunfo de París. No va a dejar de dolerme si dejo la rehabilitación.

Puedo aguantar.

Voy a aguantarlo lo mejor que pueda.

El 14 de agosto es el día en el que pruebo la doble ración de tratamiento.

Para mi sorpresa, la pastilla de la quimio no pesa más que otra pastilla. No tiene ningún color especial ni ningún tacto distinto. Es solo una pastilla. A nivel racional, soy consciente de lo que es. De lo que supone. Es una pastilla que muy poca gente va a tener que sostener. O quizá no tan poca gente, teniendo en cuenta el tamaño del ala de Oncología.

Sea como sea, lo banal de su aspecto me pilla por sorpresa.

—Espera.

Mi madre me prepara el vaso de agua. El vaso. Es el vaso de la Virgen, el de metal. Hago un puchero, sin saber exactamente si eso me alivia o me genera más alarma. Encomendarme a la Virgen me ayudará, ¿verdad?

Todo cuanto yo puedo hacer, ya lo hago. Si hay algo que ella pueda hacer, que así sea. Por eso acepto el gesto. Porque sé que está cargado de cariño y de fe.

Eso es lo que me mantiene con vida cuando las cosas se ponen peor: mi familia, mi fe y las flores que todavía respiran en el alféizar de la habitación.

Rezamos los cuatro juntos y después engullo la pastilla con una facilidad increíble. Me bebo el vaso entero, a riesgo de empaparme la pechera del pijama por imprudente. Cojo aire y hago todo lo posible para que mi cuerpo, que soy yo y a la vez no lo parece, haga su parte.

—Hagámoslo así todos los días, ¿vale? —pide mi madre.

—Vale.

Será así a partir de ahora, supongo: tomaré la quimio en mi habitación, con mi vaso de la Virgen, con un pequeño rezo y un agradecimiento. Después, como lo hago ahora, iré a radioterapia.

No tengo que hacer nada. No hay nada que pueda hacer. Solo tengo que aguantar, que es la peor parte. Pero aguantaré para poder seguir caminando. Para ponerme en pie todas y cada una de las veces que tenga la oportunidad.

Mis propósitos son firmes y están cargados de buena fe, pero, tristemente, crecen en tierra seca y árida. Tienen poco a lo que aferrarse. Después de radioterapia, siento que voy a deshacerme como un castillo de arena contra el mar.

Cada luz es un sol, cada ruido es un estruendo. Mi cabeza da vueltas y el olor de la comida me da náuseas.

Medito en el baño para aguantar las náuseas. Las arcadas suben como la marea. Me atraganto con mi propio llanto, porque duele. Me tapo la boca como buenamente puedo, pese a que los dedos no me responden como un día lo hicieron. Alzo la vista al techo para hacérselo más difícil al vómito.

Tomo aire.

No tengo ni idea de qué puede pasar si devuelvo la pastilla de la quimioterapia. Puede que sea un miedo infundado, porque hace horas que me la he tomado, pero no quiero tener que repetir el día de hoy. Quiero que se quede dentro.

Quiero que mi cuerpo la procese y que libre las batallas que tenga que luchar.

Cada día que pasa, me digo, es un día menos para salir de aquí.

El día siguiente me trae la mejor de las sorpresas: mis amigas aparecen en la puerta de la habitación. Vienen en grupo: Laura, Blanca, Teresa, Belén e Inés. Me sacan a dar un paseo. Nos dan permiso para ir a tomarnos algo como en los viejos tiempos.

Parece que haga una eternidad desde aquel entonces, desde aquella Belén, pero resulta de lo más sencillo aceptar.

La mañana es radiante, y yo me dejo llevar como si flotara en las olas. Este año no iré a la playa, vale, pero al menos tengo esto. Al menos tengo una mañana con mis amigas.

Todo se viene abajo cuando cazo mi reflejo en un espejo en la calle. El mar me engulle porque, a diferencia de ellas, yo voy en silla de ruedas. Voy en camisón y tengo la mano vendada y el corazón encogido. A diferencia de ellas, tengo cáncer y voy a morirme porque es estadio 4, y estoy en doble tratamiento de quimio y radioterapia.

Quiero que alguien me salve de todo esto. Sigo rezando por despertar en Londres, tras una eterna pesadilla, pero el mundo, con todos sus recordatorios, insiste en recordarme cómo de real soy.

Un relámpago de dolor me cruza el rostro.

—Belén. —Teresa me acerca el vaso con la pajita—. Toma, que te va a dar algo con el calor que hace. Estoy yo atacada, ya.

—Ay, Inés, déjame el abanico.

—Ya te he dicho que si querías te daba el otro —responde Inés, rebuscando en el bolso—. Anda, toma, pava. Y reparte el aire.

Sus voces lo llenan todo, y antes de que me dé cuenta de ello, estoy sentada a la mesa y me río a carcajada limpia con una de sus anécdotas.

Los hielos del refresco tintinean, como cualquier otro verano.

No solo tengo cáncer.

Tengo a mi familia. Tengo a Emilio. Tengo a mis amigas. Tengo fe y fuerza y esperanza. Tengo mi vaso de la Virgen y mis camisones. Tengo las flores que todos envían. Tengo mis propósitos, que un día serán un jardín entero por sí solos. Tengo las velas guardadas en un armario en casa y las medidas de mi habitación tomadas.

Todavía tengo algo de vida por delante, ¿verdad?

No voy a dejar que ese dichoso tumor me arrebate todo eso.

22

Miguel y Alicia trabajan juntos en el gimnasio. Además de ellos, el resto de los fisioterapeutas que me visitaron cuando aún no podía bajar al gimnasio pululan por el mismo espacio. Reconozco algunas caras, aunque solo sea de pasada. De alguna forma increíble, todos ellos recuerdan mi nombre.

La gente se acuerda de mí. La otra tarde, de hecho, me llegó un mensaje de mi profe de *spinning*, que me dedicaba mi canción favorita y me deseaba suerte con la rehabilitación.

Me hizo muchísima ilusión, la verdad.

De hecho, le conté que en el hospital sigo haciendo una de mis cosas favoritas: ir al gimnasio. Aún no puedo subirme a una bici y estoy muy lejos de reemplazar a los profes en su tarea, pero voy encaminada.

Me ponen los mismos ejercicios cada día. Muevo piezas y las apilo. Hago uso de ambas manos. Para esa parte del ejercicio estoy sentada y tengo que esforzarme en sentir todo cuanto mi médula ha decidido olvidar. También tengo que evitar que las cosas se caigan. Alicia, Miguel y el resto no hacen más que ponerme retos.

En la cama, dejo que me ayuden a doblar las piernas y a estirar los pies. Hoy, mientras sigo las indicaciones de Miguel, imagino que mi sistema nervioso es una planta a la que se le están secando ciertos tallos. No puedo cortarlos, pero, si yo soy el centro, puedo intentar llevarles más alimento, ¿verdad?

Por suerte, el sol entra por los ventanales cada mañana. Cierro los ojos y siento el candor. Imagino que hago la fotosíntesis, y que crezco más allá del dolor o de la ausencia de él. Pese al miedo o al proceso de duelo, me da por pensar que es genial saber que la operación fue lo suficientemente bien como para que yo recuerde mis clases de conocimiento del medio al dedillo. Después de todo, la operación podría haber salido mal.

Podría haberme perdido en aquella mesa de operaciones. Pero sigo aquí, y no lo doy por sentado.

A mitad de mañana hacemos ejercicios para trabajar la parte inferior del cuerpo. Las piernas, básicamente. Camino. Eso es lo que hago. Cada día doy más de doce pasos, pese a la quimio y pese a la radioterapia.

Es una sensación extraña, tener que hacerlo con una bolsa y una sonda, pero no me obsesiono con ello. Además, el otro día me trajeron una bolsa de papel de una tienda de marca porque así, dicen, «queda graciosillo que me pasee con mi bolsita».

No he perdido aún el sentido del humor.

—Venga, y hasta aquí.

Alicia me ayuda a sentarme cuando trastabillo. Cuando vuelve a mirarme, me ve de morros.

—Puedo esforzarme un poco más. Puedo hacer los doce pasos otra vez, sin tropezar.

La fisioterapeuta coloca las manos en las caderas.

—También puedes hacerlos mañana.

—Estoy bien, es solo que he arrastrado el pie…

—Eso dices —suelta—, pero estás sudando. Estás cansada.

—Y aun así puedo seguir.

—Pero no hace falta seguir hoy, Belén —repite—. Mañana tendremos otra oportunidad. Mañana hacemos veinticuatro si quieres, ¿vale? Que se te va a hacer la hora, y no quiero que subas agotada a tomarte la pastilla.

—Pero…

—¿Ves cómo eres una cabezona? —Ríe—. Déjate cuidar, mujer. Que para eso estoy.

Esta es mi nueva rutina.

Voy a rehabilitación todos los días a primera hora de la mañana. Me siento al borde de la cama y mi madre me peina. La quimio y la radio vienen después, así que cansarme en rehabilitación me ayuda a mantener la cabeza ocupada y lejos de la anticipación de ambos momentos.

Cada día es el mismo durante un tiempo, y lo agradezco más de lo que quizá pueda expresarlo.

Inconscientemente, sentada en el gimnasio, intento cerrar y abrir la mano mientras Alicia me prepara otro ejercicio. Se ríe cuando se sienta, y me llama cabezona. Otra vez. Cabe decir que no está en la mejor posición para llamarme nada, porque si tuviera control de mi pierna, podría soltarle una patada.

Sonrío, divertida.

—¿Sabes cuál es un muy buen ejercicio? —pregunta.

Alzo la cabeza y pongo toda mi atención en ella. Alicia sonríe y me doy cuenta por primera vez en todo este tiempo de que tiene solo un hoyuelo, el izquierdo.

—¿Cuál?

—Tienes que contarme qué muebles vas a poner en casa —continúa, con media sonrisa—. He estado pensando en que a final de semana puedo traerte un destornillador, a ver qué tal giras la muñeca. ¿Cómo va el tema de los cojines del sofá? ¿Los tienes o no?

Está de broma y, a la vez, es todo cuanto necesito oír.

—¡Es que Emilio dice que los de flores que me gustan son estrafalarios…! —Río.

Por muy ridículo que parezca, me llena el pecho que Alicia se acuerde de mí. No solo de la Belén Paciente, sino de Belén Belén. Me hace sentir humana. Me hace sentir real. Me hace sentir que voy a salir de aquí.

Alicia coloca un cojín justo debajo de mis brazos para que no me duelan al caer contra la mesa. Sonríe. Dice que estos cojines son feos y aburridos. También me cuenta que ella tiene uno en forma de flor que es superhortera, pero le encanta.

—Si yo le enseño eso a Emilio, me echa a mí y al cojín de casa.

—Mujer, pues ponle ojitos y ya.

—¿A quién le ponemos ojitos? —pregunta Miguel.

—A Emilio, que dice que no quiere los cojines que le gustan a Belén.

—Nada, Belén, tú hazle un puchero y en dos días tienes los cojines de flores y lo que te dé la gana.

—Pero ¡bueno...!

—Con esa cara guapa que tú tienes.

Las tres reímos. Yo lo hago entre rubores. La verdad es que me parece extraño eso de que me llamen guapa porque a veces me miro en el espejo y no me reconozco. Rechazo la idea, pero sigue en el fondo del cajón cada vez que atrapo mi reflejo.

Esa tarde, después de la quimio y después de la radioterapia; después de que mi madre esconda la comida hasta que por fin puedo oler algo sin querer vomitar, le pido a mi padre que si puede traerme una revista de decoración.

Me enternece ver que solo le falta salir corriendo. Le imagino de pie frente al quiosco, contando monedillas para comprar no solo una revista, sino cinco.

Cinco revistas de decoración que quedan apiladas junto a las estampitas y las flores.

23

APESTA. Todo apesta. Todo huele. Todo hace ruido. Pensaba que se me pasaría, pero no se me pasa. Mi madre baja las persianas, esconde la comida y los grandes olores. Buscamos la manera de hacérmelo lo más fácil posible, porque todo alivio es poco, pero nada me libra de tener que vivir de puntillas.

Mi cuerpo pesa demasiado y mi mente es demasiado ligera; a ratos estoy que no estoy, y me cuesta volver. Parece que no me muevo, que sigo atrapada en aquella primera noche; en aquella sala de espera, justo antes de que Estrella y Víctor me dieran la peor noticia de mi vida.

Todos los días de agosto podrían resumirse en un eterno día de la marmota: rehabilitación, quimio, radioterapia, descanso, comida, descanso o visita, cena, dormir. Cada día después de la radioterapia me quedo a solas con mis flores, con mi vaso y con mi habitación cerrada a cal y canto. Luego, cuando por fin me he armado de valor, intento comer. Y como con ganas, porque la comida es lo que me dará fuerza.

Sé que es lo que tengo que hacer.

—Un poco más —pide mi padre.

Arrugo la nariz.

—Lo estoy pasando, dame un momento.

En vez de llorar, he aprendido a pensar en qué será de mí en primavera. Cuando quiero llorar, aguanto la respiración, miro al techo y pienso en todo cuanto tengo por ganar. Me centro en los cojines, me centro en todo lo que ya hemos dejado atrás, y encuentro algo nuevo a lo que aferrarme.

Me quedan mil cosas que hacer, y pienso hacerlas todas cuando salga de aquí.

Los días pasan. Vemos más películas malas en la tablet. Grabamos vídeos chorras para mandárselos a mis amigos. Al final, Emilio me concede los cojines a cambio de un mueble que no me convence, pero que nos va a ser útil. Hacemos una lista y miramos presupuestos solo para llevarnos las manos a la cabeza por el precio de las sillas.

Cuando creo que la vida no puede sorprenderme, me sorprende otra vez: ¿quién demonios sabía que las sillas cuestan tanto?

—Vamos a ver —me quejo—, ¿quién ha hecho la silla? ¿Miguel Ángel?

—El mismo.

—¡Que tengo que poner cuatro!

La carcajada es colectiva, y aunque sé que todo apestará mañana otra vez; aunque sé que la luz será demasiada y que me dolerá cada rinconcito de piel, me aferro al sonido de esa risa como me aferro al sonido del vaso de metal.

El vasito sigue en el alféizar, junto a las estampitas y el resto de los recordatorios de que ahí fuera hay un mundo que me espera, justo encima de mis cinco revistas.

24

La fe y la esperanza son cosas distintas. No son emociones, técnicamente. No por definición. La esperanza aparece en el diccionario como un sentimiento que nace de creer que algo es posible. La fe, por otro lado, parece que se atañe exclusivamente al culto y a lo religioso.

En cuanto a lo que supone definirlas, para mí ambas siempre van de la mano. La fe ayuda a la esperanza, y la esperanza anuncia la fe. Son como mellizas, o como vasos que se comunican entre sí. Es por esto que creo que me gusta más la definición que considera la fe como una serie de creencias compartidas, una «esperanza de todos».

Me gusta verlo así y pensar que cuando parece que la mía flaquea, que el futuro se apaga, la que compartimos me llena de nuevo. Alguien, en algún lugar, cierra los ojos y vela por que todo me vaya bien.

Agosto acaba, como lo hace todo. Termina de forma anticlimática. Se marcha y me deja atrás, con mi nueva rutina. Le da igual si mañana tengo que volver a levantarme para ir al gimnasio, tomarme la quimio o pasar horas en radioterapia.

El mes termina y me deja un sabor extraño. Me deja con la sensación de que esto no va a acabar nunca. Esto es el cáncer, el hospital. Esto es una nueva vida que nunca pedí y que no estoy segura de poder aceptar. El verano se aleja y me deja sentada en mi habitación, preguntándome por qué estoy viva.

Pese a que estoy agradecida por poder ver la sonrisa que me dedica Emilio al llegar a media tarde, nunca me he sentido desgraciada y abatida. A grandes rasgos, quiero creer que las cosas buenas y las malas equilibran la balanza. Sin embargo, cuando cae la noche, parece que alguien añade más y más peso en el lado equivocado.

No sé a quién contárselo y tampoco hay nadie que merezca cargar con esa cruz. Hay ciertas cosas que vale la pena no tener que oír. Si les contara todo a mis familiares y amigos, en mitad de nuestro presente, creo que no podría ponerme en pie.

No podría dejarme ver por ellos.

No puedo hablar de lo mucho que duele si sigo en el centro de la herida. Necesito algo o a alguien que pueda ayudarme a encontrar las palabras, que pueda comprender lo que siento sin necesidad de que se lo cuente con pelos y señales. Necesito que sostenga esa pena como Alicia me sostiene cuando me cuesta ponerme en pie; alguien que sepa lo que siento incluso sin oírlo.

«Duele» es una palabra de cinco letras, y necesito que sea suficiente para explicar todo cuanto me pasa, pero no lo es.

Es quizá la única palabra que puede poner en perspectiva todo cuanto me ocurre: tengo un tumor en el cuello y un pesar enorme en el pecho. Ninguno de esos problemas parece tener una solución rápida. Pero no solo me duele eso. Así que, una vez agosto nos abandona y se lleva la valentía, me hundo en la camilla y hago acopio de fuerzas.

Cuando me decido, se lo pido a mi padre y él mismo me acompaña hasta la pequeña sala del capellán. Empuja mi silla hasta allí y me ayuda a ponerme en pie cuando veo que puedo valerme. Insisto en caminar hacia él cuando la puerta de su despacho se abre y le vemos salir.

Es un gesto.

Es solo un gesto, pero dice todo cuanto quiero decir y más.

Cuando me ve, el hombre sonríe. Es obvio que me recuerda. Se lleva una mano al pecho, feliz, y acepta mi visita con los brazos abiertos.

Vuelvo a la silla tan pronto como me he levantado porque no quiero sobreesforzarme.

Mi padre insiste.

El capellán insiste.

Ambos me ayudan a llegar hasta el interior del despacho y, al poco, mi padre nos dice que va a tomarse un café y que volverá cuando le llamemos para llevarme de vuelta a la habitación para que cene a mi hora.

El capellán y yo nos quedamos a solas. Fuera se pone el sol, aunque aún no necesitamos la luz del techo. Si pudiera, jugaría con mis propias manos, pero mis manos no responden. Me mordería las uñas, pero es tanto esfuerzo que he dejado de hacerlo. No sé si es un milagro o una maldición, porque se me siguen rompiendo las uñas igual.

Cuando miro al capellán, no sé ni por dónde empezar a contarle por qué estoy aquí.

Supongo que por eso sonríe y me toma el relevo.

—Qué alegría verte, Belén.

—Lo mismo digo.

—Y qué maravilla, verte andar. En su día parecía imposible, ¿verdad? —observa. Asiente, concienzudo—. ¿Cómo ha ido, hija? ¿Cómo te encuentras?

Aprieto los labios con fuerza y, si pudiera, me encogería de hombros. El instinto me grita que diga bien, que no me queje.

—Verá, capellán —admito al fin—, está siendo un poco difícil.

—Ah, ya lo imagino. —Su mano se extiende en busca de la mía—. Cuéntame, pues.

Es como abrir un grifo. Al principio las palabras son pocas, escuetas y repetitivas. Son palabras que he oído, palabras que repito. Sin embargo, poco a poco, encuentro las que son mías, las que pertenecen a la Belén del Espejo; las que describen lo que siento. Poco a poco, encuentro las palabras para explicárselo.

El capellán me mira diferente. Imagino que Dios me

ve también a través de él, y me obligo a creer que lo comprende.

Cuando me dice que es normal, que no pasa nada, que estoy perdonada por todo cuanto creo imperdonable, sé que lo dice con sinceridad, que es cierto. Sé que es su palabra, también, a través de él.

El hombre me regala una enorme sonrisa, como si tuviera de más. Siempre le queda otra.

—Nadie lo haría ni mejor ni peor en tu lugar. Tan solo te pido que no dudes ni un solo momento de que, si él ha decidido que este debía ser tu camino, es porque puedes andarlo —dice.

—Gracias.

Es todo cuanto puedo decir, porque me tiembla la voz.

—En su día pensaste que no volveríamos a vernos, ¿recuerdas?

Suspiro.

—Pero aquí estamos, Belén —menciona—. Aquí estás.

Las palabras del capellán alivian el peso de mi pecho y, en parte, el dolor.

«Sigo aquí», me digo a mí misma. Y si así es, lo que verdaderamente quiero es aprovecharlo al máximo. Lo que quiero es ser feliz. Lo que quiero es reír y ver a mis amigas, conocer a sus hijos; quiero sostener la mano de Emilio y avanzar a lo largo de cualquier pasillo. Ya no me importa cual: la boda llegará en su día, cuando por fin pueda volver a ponerme el anillo.

Mi vida regresará aunque no sea como la imaginé. Vendrá, ¿verdad? E incluso cuando más miedo tenga, debo y quiero creer que así será.

Quizá la fe y la esperanza sí son mellizas, después de todo.

Resulta que es imposible separarlas.

CUANDO VUELVO A LA HABITACIÓN, el sol ya se ha puesto. Las persianas están subidas, aunque las ventanas siguen cerradas. Aún está puesto el aire acondicionado, porque sufrimos otra ola de calor y no hay quien aguante.

Emilio no está, cosa que resulta extraña. Y, de hecho, creo que me he saltado la hora de la cena, al final.

Me muero de hambre, pero no hay bandeja.

No hay nada.

—Oye, mamá, ¿y Emilio?

—Ahora vendrá.

—¿Y la cena?

Mi padre se ríe y se esconde tras su teléfono. Si pudiera, le tiraría un cojín para volver a conseguir su atención, pero ahora mismo solo puedo pensar en el hambre que tengo. ¡Así, de repente! Pienso en el salmorejo, que es quizá mi plato favorito. Podría comerlo todo el santo día.

Tras unos minutos de risillas y de darme largas, Emilio entra por la puerta. Trae consigo una bolsa de papel y una nueva sonrisa de pillo. Mira a mi padre, que se incorpora y arrima la silla a la cama. Mi madre busca una para sí misma.

Desde la cama, veo cómo me colocan la mesa para la bandeja, pero la bandeja de la comida del hospital no llega. En su lugar, la bolsa cae sobre la mesilla auxiliar mientras Emilio busca donde sentarse.

—Que conste que hemos pedido permiso explícito a tus médicos.

—Pero...

Busco la bolsa con la punta de los dedos y trato de ver dentro. Mi madre me la arrebata, práctica, y saca cuatro cajetines rojos.

—Como cuando eras chiquita y tenías un mal día —dice mi padre—. A ver qué te parece esta cena gourmet.

Rio al ver las cajas. Río tanto que se me olvida lo mucho que me duele todo.

No los llaman *Happy Meal* por nada, ¿verdad?

Ceno con mis padres y con Emilio. Robo una patata de las suyas y recibo el título de «ladrona profesional», cosa que transforma la experiencia en un reto para todo el mundo. Es una tontería, pero el gesto me devuelve a una vida que se parece más a la mía.

Al final, la vida es como una pulsera de cuentas. No todas son logros gigantescos, en absoluto. No todas son bautizos, partos, bodas, graduaciones o grandes momentos. Algunas de esas cuentas son pequeñas. Muchas de ellas pasan desapercibidas.

—Puedes irte a dormir a casa —le digo a Emilio, horas más tarde.

Mis padres se han ido. Estarán haciendo lo que él ha decidido que no quiere hacer hoy: dormir.

—Te vas a dejar la espalda en ese sillón —insisto.

Él rebusca en la mochila, alargando el momento como lo alargó en aquel portal en Menorca.

—Sé que mañana madrugas, pero ¿quieres que veamos una película bazofia?

Todo cuenta, pienso, si te hace feliz.

—Por favor y gracias.

25

La vida empieza otra vez en septiembre.

De pequeña no entendía por qué celebrábamos el año nuevo en diciembre si todo empezaba al acabar el verano. Claro que, por aquel entonces, la vida entera giraba en torno al año escolar. De todas maneras, siempre me ha parecido que el final del verano es mucho más significativo como cierre. Diciembre es un pelín más confuso, y con las fiestas de Navidad por medio parece que uno se pierde el punto final entre espumillón, champán y lentejuelas.

Últimamente, tengo ambos momentos muy presentes.

Estos días, mis amigas preparan mochilas y vueltas al trabajo. Yo trago pastillas y miro revistas de decoración mientras me pregunto para qué. La respuesta llega siempre como un capricho: para seguir, para vivir, para reír, para llorar.

Para encontrar más cojines horteras.

Lo hago para ser feliz, tanto ahora como luego. Lo hago porque soy así, y porque quiero.

Cuando salga de aquí, pienso hacer todo lo que me dé la gana cuando se me antoje. De hecho, ayer vi unos roscones de Reyes en Instagram y ahora me muero de ganas de tomarme uno. ¿Y quién va a pararme? Qué clase de regla no escrita me impide encargar un roscón de Reyes un 15 de septiembre, ¿eh?

Ahora que tengo algo más de apetito, me muero de ganas de tomar dulces. No sé si habrá alguna explicación médica, pero es así.

El otro día les escribí a mis amigas por el grupo para que me subieran unos pestiños del convento de San Leandro de Sevilla. No sé por qué me levanté pensando en los dichosos alfajores y a mediodía, cuando ya era inaguantable, me dio por pedírselos. Nos echamos unas buenas risas porque no soy la única con antojos, claro.

Por otro lado, mis antojos sí tienen sentido, no como los suyos. ¿Qué clase de explicación médica se le puede dar a alguien que necesita comer gambas con salsa barbacoa?

Si algo he aprendido este año es que hay muchísimas cosas que no tienen explicación; o cuya explicación no llegará a tiempo.

Supongo que lo importante es discernir qué la necesita, o qué la merece.

—Mira mi globito —saluda la enfermera—. ¿Cómo andamos hoy, Belén?

La miro desde la cama.

—Poco, hija. Menos de lo que me gustaría.

Quiero creer que he tenido suerte; que, pese a lo horrendo de todo lo que ha ocurrido, sigo teniéndola. Persigo los momentos de felicidad como quien caza luciérnagas en un prado: veo cómo parpadean y avanzo en la oscuridad para alcanzarlos.

Emilio me mira desde la silla, sonríe y yo le devuelvo la sonrisa. Momentos como este han dejado de parecerme simples luciérnagas y han pasado a parecer estrellas fugaces.

Cada vez que me descubro en ellos, pido un deseo.

—Todavía es un poco pronto para saber si la radioterapia está funcionando como queremos que funcione —dice el oncólogo. Es un tanto injusto, pienso, porque llevo un mes largo en tratamiento—. Tenemos que esperar a que acabe todo el proceso. Pero, bueno, ¿cómo te encuentras tú, Belén?

Puf. Mi pregunta más odiada. Me cuesta mucho no responder «bien» sin pensarlo dos veces. Ahora, sin embargo, lo hago. Lo pienso tres. Intento mover los dedos del pie. Me encojo muy suavemente de un hombro.

—Igual que ayer —admito.

—Poco a poco. —El oncólogo me dedica una mueca. Después nos mira a todos como quien se dirige a su audiencia—. Lo bueno es que ya casi puedes volver a casa.

Mi cara se ilumina de golpe: una luciérnaga, una estrella. Pido un deseo, pero lo que el doctor dice me impacta como un meteorito. Pese a que me lo he preguntado mil veces, jamás se lo he preguntado a él. ¿Puedo irme a casa?

—¿De veras?

Él asiente.

—Cuando se acabe la radioterapia, ya puedes volver a dormir en tu cama. Tendrás que seguir viniendo, pero...

No escucho nada más.

Me pierdo la conversación que mis padres, Emilio y el oncólogo tienen entre ellos. Le echo un vistazo a las flores de mi alféizar y a las estampitas que mis amigos han traído. ¿Es cierto? Después de todo este tiempo, ¿de verdad puedo irme de aquí?

Llevo tanto tiempo soñando con ello que no es hasta ahora cuando me doy cuenta de que quizá no lo creía posible.

No me gusta el hospital. A nadie le gustan los hospitales. Decir que estás cómoda, o que estás bien cuidada, es una especie de eufemismo. Es algo que dices para cubrir el hecho de que no hay más remedio. Todo el mundo que haya estado ingresado lo sabe.

Vale, no se está mal por estar en el hospital. Eso es verdad. Pero no se está bien, porque hay una razón por la que un hospital se convierte en tu lugar de residencia: una enfermedad, una lesión. Desde luego, dudo que haya una sola persona en la historia de la humanidad que haya disfrutado de la experiencia. Por mucho que aprecies el cariño o el cuidado, siempre es un «a pesar de».

La idea de volver a mi casa me da otro chute de energía. De los grandes, además. Aunque llevo tachando los días en el calendario desde que empecé el tratamiento, la cuenta atrás es ahora lo suficientemente pequeña como para que los nervios me lleguen al estómago.

Cuando se acabe el tratamiento, me voy.

De noche, justo antes de quedarme dormida, pienso en mi silla, en mi escritorio, en mi trabajo, en el gimnasio; pienso en todo cuanto se quedó fuera del hospital cuando ingresé en el hospital aquel 9 de julio. Y, aunque intento no hacerme ilusiones, me convierto en mi propia versión del cuento de la lechera.

Imagino que volveré a mi casa, al pan y a las nueces de media mañana. Pienso en mis compañeras y en su voz en los correos. Pienso en Google, con el hocico al borde de la mesa.

Por las mañanas, me obligo a poner los pies en la tierra. Si las noches todavía son para soñar, los días continúan siendo un reto. La rutina sigue siendo la misma: rehabilitación, pastilla de la quimio y sesión de radioterapia. Aunque solo queden un par de sesiones, tengo que digerir cada una de ellas con calma.

Los últimos días en el hospital pasan muy lentamente. Supongo que es, en parte, porque puedo ver la cinta de la maratón en el horizonte.

Porque todo esto ha sido una maratón, ¿verdad? Una carrera de fondo. He tenido que aguantar muchísimas cosas. Y veo el final; o lo que pudiera ser un final.

Imagino la puerta de mi casa y practico con las llaves de Alicia. «Un giro de muñeca», me dice. Hay que cogerle práctica.

—Venga, va —pide—. Sostenlas y busca la llave verde. Ahí, vamos. Solo la verde, ¿eh?

—Mira mi Belén —comenta Miguel—. Hilando fino.

Le sonrío y sigo con el ejercicio. Después me centro en el siguiente. Al rato, cierro los ojos y rezo con mi familia mientras la pastilla baja por mi garganta. El vaso de metal está sobre la bandeja en la que pondrán la comida.

Bajo a la planta de radioterapia en silla de ruedas y me coloco en la camilla con el mismo cuidado que cada día. En ella, cierro los ojos y trato de soñar con todo con lo que sueño cuando llega la noche. Intento olvidarme de la rejilla que me sostiene la cabeza o del ruido de las máquinas.

Al menos hasta que alguien me la tiende.

—Toma, es tuya.

El último día de radioterapia, la doctora me tiende la máscara que he usado todos estos días. En un primer momento quiero tirársela a la cabeza. Sin embargo, veo que hay algo en su mirada que no logro entender de buenas a primeras.

—La hicimos para ti.

La acojo en mi regazo y la acaricio sin llegar a sentir el roce. ¿Cuántas personas se han esforzado por verme hoy aquí? En tiempo presente y en tiempo pasado.

La máscara se embellece con esa idea.

—Gracias.

Odio el hospital y quiero irme, pero hay algo en él. Hay algo en el pasillo que recorro hasta la silla de ruedas. Hay algo en el trato de los doctores y las enfermeras. Hay algo que compartimos y que lo sostiene en pie. Hay algo que no logro explicar, algo humano y real.

Tiene sentido, claro, que el lugar al que acuden los enfermos tenga una carga tan grande.

Si algo he aprendido de este sitio, o de esa dichosa máscara de rejilla que me llevo conmigo, es que el hospital no es una cárcel. Por mucho que me muera de ganas de salir corriendo, nadie me ha retenido. De hecho, todo lo contrario. Cada persona con la que me he topado lleva luchando desde el primer día para verme salir por la puerta.

Así que me voy, sí.

Aunque solo sea el final de una etapa y me quede muchísimo camino por delante, me voy a mi casa.

A la mañana siguiente, mi madre se ríe mientras dobla camisones. Hay tantos que tiene que mandar a mi padre a buscar otra maleta. Lloramos juntas mientras me ayuda a ponerme los calcetines para las zapatillas y nos reímos la una de la otra cuando mi padre vuelve con la maleta y se lleva las manos a la cabeza al encontrarnos con el moco colgando.

Finge que no, pero llora conmigo cuando le miro y me sale un puchero. Por eso mismo es por lo que decido que voy a agachar la cabeza y a aguantar el tipo mientras Emilio me lleva pasillo abajo con mi silla.

Nos lo llevamos todo con nosotros.

Las enfermeras nos acompañan a lo largo del camino. Alicia no ha podido venir y Víctor y el doctor Ley no están. Reconozco los rostros de las personas que han estado ayudándome: la auxiliar que me lavó el pelo, la que me llama globito, la que me echa la bronca y el enfermero que me cambia las sábanas y siempre dice que me guarda las mejores almohadas.

Reconozco a las personas que llevan cuidando de mí todo este tiempo.

—Te ponemos de pie, ¿no?

Eso hacen: me sostienen para ayudarme a salir de la silla.

—Puedo, puedo —confirmo.

Me mentalizo y avanzo hacia la pequeña campana. He oído hablar de ella todo este tiempo. La imaginaba más impresionante, pero es solo una campanita de metal que cuelga de una pared en una esquina de la sala de espera.

—Esto tiene ritual —me explican.

—Tienes que leerlo en voz alta —añade otra de las enfermeras—. Que se te oiga bien.

Observo el texto en la pared, que es como un hechizo, y lo leo con el pecho lleno de candor.

—Toca esta campana tres veces bien —leo—. Su sonido claramente dirá: «Mi tratamiento hecho está y esta batalla gané. ¡Con mi vida seguiré!».

Me armo de valor. ¿Es cierto? Después de todo esto, ¿seguiré con mi vida?

Estiro el brazo como no podía estirarlo hará un mes y cierro la mano alrededor de la cuerda. Uno. Sostengo la cuerda con fuerza y sacudo el brazo una segunda vez, pese a que cueste. Dos. Me sorbo la nariz, de pie frente a la dichosa campana, tras mis palabras y con el alma a flor de piel, y la toco una tercera y última vez.

—¡Y tres! —exclama una de las enfermeras. Oigo los aplausos y me vuelvo a ver a todo el mundo.

Así que es cierto o lo hacemos cierto: me marcho. Me voy del hospital y me llevo conmigo la máscara por la misma razón por la que guardé las velas de mi cumpleaños.

Veo la puerta del hospital al final del pasillo. Vuelvo el rostro para ver el de Emilio, que asiente y me ayuda como si pudiera leerme la mente. Me ayuda a ponerme en pie. Siento su brazo bajo el mío y apoyo el cuerpo en el suyo. Mi padre corre a recoger la silla, mi madre extiende las manos como si pudiera prevenir cualquier tropiezo.

Salgo del hospital de pie, con un lagrimón en la mejilla.

«Este es mi camino», pienso.

Y me voy.

LA VIDA AHORA

Epílogo

UN MES DESPUÉS, REGRESO AL HOSPITAL. El dolor vuelve conmigo. De hecho, es eso lo que me obliga a estar haciendo las rondas entre una sala blanca y la siguiente. Sin saber muy bien por qué o qué he hecho mal, otro ingreso inesperado me encuentra en mitad de alguna de ellas.

Vuelvo a mis indescriptibles vistas del techo del Ramón y Cajal, a los camisones y a las largas horas de incertidumbre.

Tras apenas un par de semanas en mi casa, en mi cama; en mi sofá, con mis cojines horteras, una infección me hace aterrizar de espaldas en la camilla otra vez. El diagnóstico llega a mediodía, con la comida, y los antibióticos se convierten en mis mayores aliados. Esta vez, como todas las anteriores, los médicos no me dejan pasar ni una sola imprudencia: el reposo y el cuidado vuelven a ser dos piedras sobre mi estómago.

—¿Y no puedo volver a casa?

—Es mejor así. Aquí estarás bien cuidada, Belén. Y si, Dios no quiera, pasara cualquier cosa, no tendrías que pasar el mal trago de venir corriendo, ¿no?

Tiene razón, pero no quiero dársela.

Quiero irme a casa.

El teléfono se queda en un cajón. Durante los siguientes meses evito cualquier imagen o vídeo de mí. No quiero verlo. No quiero verme. Estoy harta de mirar.

No puedo soportarlo. Me niego a imaginarme otra vez en una cama o en ese baño verde. Por eso cierro los ojos y sueño con otras cosas. Quiero verme en otros rincones. Quiero imaginar que camino en otros jardines. Estoy cansada del alféizar y de los pasillos, de las sillas de ruedas. Quiero estar enfadada, pero ni siquiera sé cómo; porque por muy injusto que sea, está sucediendo y no hay nada que pueda hacer para evitarlo. No puedo dar un volantazo y cambiar el rumbo de mi vida.

No puedo hacer nada más que esto —estar tirada en una cama e intentar no perder la cabeza— para combatirlo.

La impotencia y la rabia inicial dan paso a otra cosa. Aguanto la respiración y hago acopio de valor mientras, con el otoño, las flores van cambiando de color. Los ramos mudan las estaciones conmigo: me corto el pelo, mi cara cambia. No me reconozco y, a la vez, sé que no puedo ser nadie más.

Belén.

Sigo siendo Belén, ¿verdad?

Mi vida no va a volver, entiendo. Ha sido irrevocablemente cambiada. Y, aunque es algo que ya sabía, es lo más difícil de asumir. Ni las pastillas de quimio eran tan difíciles de tragar. Nada regresará de la forma en la que una vez lo tuve. Todas las cosas tienen que pasar. Todos cambiamos. Sin saber en qué dirección avanzamos, la vida sigue adelante. Unas veces parece que me deja atrás.

Otras veces me despierto en mitad de ella, sin saber muy bien qué está ocurriendo.

El invierno me atrapa debajo de una manta, junto al fuego. La madre de Emilio me sonríe, dulce, y se asegura de que tengo los pies bien tapados cuando se sienta a mi lado. El ingreso ha terminado, pero sigo igual de débil, así que, aunque no estoy tirada viendo el techo del Ramón y Cajal, estoy tirada en otra superficie.

Cuando no lo estoy por eso, es porque hemos encontrado un centro de rehabilitación maravilloso. Paso todas las mañanas allí, intentando mover las piernas, los brazos...

Muchos de esos días ocurren como el intervalo entre quedarse dormida en el coche y despertarse en tu cama cuando eres una niña. Soy consciente de que ocurre, de que me cogen en brazos y me llevan a lugares que conozco, pero parece que sigo dormida; o quiero estarlo, vamos.

Es mucho más fácil así.

Las Navidades llegan como lo hacen todos los años: de sopetón. Una tarde, saliendo del centro después de un día peculiarmente malo, nos topamos con los electricistas que están colocando luces en los postes al final de la calle.

Nunca hice propósitos para mi treintena, pero sí que me he tomado las doce uvas cada año, igual que soplo las velas. Entre un tratamiento y el siguiente, me pregunto si vale la pena prepararme para el año que entra.

¿Voy a llegar a verlo?

Una mañana, Emilio me ayuda a ponerme en pie y la cara me cambia por completo. Rápido, me ayuda a sentarme de nuevo y me sostiene el rostro entre las manos.

—No responde —le digo.

Me esfuerzo por no llorar.

—¿Cuál?

—La izquierda. La pierna izquierda.

Le veo poner la mano en mi rodilla izquierda, hablar. No entiendo lo que dice, pero sé qué está preguntando.

—No, no la noto.

Primero es una y después la otra. Mis piernas me abandonan. Cuando nos sentaron en una sala distinta y nos dijeron que empezábamos con el tratamiento de inmunoterapia, nos advirtieron de que podríamos notar síntomas adversos y este era uno de ellos. Nos lo dijeron, pero yo quise creer que valía la pena arriesgar.

La pérdida de movilidad me sacude hasta lo más hondo. El camino que tanto esfuerzo me había costado recorrer se desvanece como si estuviera hecho de miguitas de pan. Y aquí estoy yo otra vez: en mitad de la nada, con las manos vacías y un agujero en el pecho.

Tirada en una cama.

Un buen día, aunque no sé muy bien cuándo, Emilio recibe una llamada. Cuando vuelve a la sala, me coge la mano y me cuenta que su empresa va a cerrar su sede en

España y que, por lo tanto, le han ofrecido trabajo en Dubái.

Supongo que el pavor me aparece en el rostro y empieza a correr como la pólvora. Si todavía pudiera sentir las piernas, cosa que dejó de ocurrir hace una semana, saldría corriendo.

—Deberías ir.

—He dicho que gracias, pero no.

—Emilio, deberías...

—Ahora no —insiste, besando mis nudillos—. Nada en el mundo podría hacerme tomar la decisión de moverme de aquí, Belén.

Después de años de trabajo duro, Emilio deja su empleo el mismo día que habría empezado las vacaciones de Navidad.

Por suerte, me cuenta, están dispuestos a darle cualquier otra vacante si decide regresar. Hago que me prometa que en cuanto la cosa mejore un poco, les llamará para ver si pueden darle un nuevo puesto. Sin embargo, y aunque ninguno de los dos lo dice, puede que esta sea otra señal. ¿Y si esto es el universo diciendo que es mejor que aprovechemos?

Los días son mejores si Emilio está cerca, y quiero verle tanto como pueda «antes de».

Volvemos a estar en la séptima planta del Ramón y Cajal, entre camisones, enfermeros y celadores. Nos vamos y volvemos, pero siempre volvemos. No hay forma de escapar.

A medida que avanzan las Navidades, entre tomarnos las uvas en la habitación y comernos el roscón de Reyes como buenamente se puede, descubro que estoy intentando rescatar todos y cada uno de los detalles de aquellos a los que más quiero. Estoy haciendo acopio de recuerdos como ya no sé hacer acopio de fuerzas.

Débil, en los días más grises que he conocido, me aferro a cada pétalo de ellos.

Mi madre ha dejado de subir y bajar la persiana, y ahora plancha las mantas con la mano. Mi padre sigue sentado en su sillón, con el móvil. Emilio me sonríe, siempre sentado a mi lado, y me acaricia los nudillos con el pulgar siguiendo siempre el mismo patrón.

El primer mes del año es devastador.

—La resonancia indica que el tumor ha vuelto a crecer. No hay nada más que podamos hacer. —La oncóloga no puede ni mirarme a los ojos cuando habla—. Esta es una lista de los centros que recomendamos. Podemos ofreceros más ayuda si la necesitáis. El departamento de…

En la lista figuran quince centros con excelentes programas de tratamientos paliativos. Aunque ella la deja en mis manos, quizá porque sabe que si la pone en la mesa no seré capaz de cogerla, no puedo sostenerla. Mi mano sigue dormida.

Mi madre la coge con todo el valor que a mí ya no me queda.

Entre todos, valoramos las diferentes opciones como quien valoraría un hotel. Ventanas, vistas, recomendaciones. Vuelvo el rostro en la cama, observando la ventana de la habitación en la que reposan mis flores.

A veces las odio, a veces las necesito como agua de mayo.

Las siguientes, me digo, me las mandarán a otra dirección. Un centro con vistas al agua. Un lugar donde solo estaré durmiendo hasta que ya no despierte.

—Tiene fiebre —dice la enfermera. Chasquea la lengua—. Me parece que va a ser mejor que se quede hoy aquí.

—¿Qué puede ser?

—No tengo ni idea. Estaba con antibióticos hasta ayer.

Mi madre me pone la mano en la frente. «¿Otro ingreso?», me pregunto. «¿De cuántos días?».

—Íbamos a irnos hoy al nuevo centro —explica mi padre, en un susurro.

Todas nuestras cosas están recogidas.

—Pues hoy no va a ser —responde la enfermera—. No con esa fiebre, al menos.

La fiebre dura aproximadamente doce horas. Nadie sabe de dónde ha salido o por qué. Sin embargo, tras el retraso del traslado, y cuando ya estoy imaginando la habitación y la bolsa con la morfina, tres figuras a quien hacía mucho tiempo que no veía cruzan la puerta.

Víctor, Estrella, la doctora Martínez y el doctor Ley, que son los jefes de Neurocirugía, se presentan en mi habitación con una propuesta muy diferente.

—Vas participar en un ensayo clínico.

—Tiene una duración indefinida —sigue el doctor Ley—, con dietas específicas.

—Estamos viendo que hay pocos efectos secundarios. Si dijeras que sí, nosotros nos encargaríamos de absolutamente todo.

—Te quedarías aquí —sigue la doctora Martínez con las manos en los bolsillos. Juega con su bolígrafo.

La emoción me toca el centro del pecho.

—Vamos a ver si podemos pararle los pies, ¿vale? —dice Estrella.

Acepto su propuesta tan pronto como entiendo que lo que los neurocirujanos me regalan es otra posición en el ring. Otra batalla. A diferencia de Oncología, que ha tirado la toalla, Víctor, Estrella y el doctor Ley me la ponen sobre los hombros y me animan a seguir luchando.

Una vez más, el Hospital Ramón y Cajal me ha dado una nueva oportunidad. Los doctores de Neurocirugía me han hecho sentir de nuevo que mi vida merece la pena.

Marzo nos atrapa en esa pelea.

El nuevo ensayo internacional permite que el edema se reduzca y, con él, la inflamación de la médula que me impide moverme. La intención es reducir el tumor, cosa que Oncología descartaba que pudiera ocurrir jamás. Y quizá no ocurra, me digo a mí misma. Quizá el tumor crezca y crezca, aunque sea de una forma más lenta, pero al menos no estaré tirada en una cama.

No todo el rato.

—¿Vas bien?

Asiento con la cabeza.

—¡Ay! Cuidado que todavía hace frío, ¿eh? —advierte la enfermera—. Anda que... que no se quite la manta. ¡Tápate, Belén!

El reloj de su muñeca da las seis y media de la mañana.

—No se preocupe. —Emilio le dedica una sonrisa enorme—. Gracias.

Avanzamos juntos por el eterno pasillo hasta la salida del Ramón y Cajal como si estuviéramos saliendo de casa. Nos sabemos cada rincón. Un par de trabajadores del centro nos regalan un saludo que resulta hasta familiar, como si fueran nuestros vecinos.

Emilio empuja la camilla y yo mantengo la vista al frente, pendiente del exterior. Fuera, el sol roza el cielo con timidez y va cogiendo fuerza; lo tiñe todo.

Emilio encuentra un rincón para nosotros, coloca la camilla y se sienta conmigo. Siento su pulgar sobre mis nudillos. Me recoloca el pelo tras la oreja. Me observa. Mi mirada descansa en la suya aunque solo sea durante un instante.

Mi vida avanza en muchas direcciones y, pese a lo que pueda parecer, no se ha detenido. No se detuvo en Londres. No se detuvo en Madrid, con aquella llamada. No se detuvo en una mesa de operaciones y tampoco lo hizo cuando pensé que el dolor consumiría cada uno de mis sentidos.

Sigo aquí.

En su honor, yo tampoco lo hago. No me detengo. No dejo que nada lo haga. Busco en cada recoveco algo a lo que aferrarme, un punto de apoyo que mueva el mundo en el que aún vivo. Y lo encuentro en Emilio, en mis padres, en las flores, en el vaso que nos regalaron, en los mensajes que recibo, en las horas de rezo.

Sonrío con triunfo.

—Creo —digo—, ¡y me atrevería a decir!, que el amanecer es más bonito en las islas, ¿eh?

Emilio suelta una carcajada.

—No puede uno ser romántico.

—Bueno, yo me conformo. No me quejo, no me quejo —suelto una risilla—. Cada momento tiene su aquel.

—Eso, eso.

—Un día tienes el océano, y otro tienes churros.

Reímos.

El amor de mi vida ríe y hace hincapié en el hecho de que en el faro jamás podríamos haber tenido el maravilloso olor de los churros de la cafetería del hospital.

Y, hoy por hoy, eso es más que suficiente.

Este, aunque quizá pequeño y tortuoso, es también parte de mi pequeño milagro.

La vida es muchas cosas.

Predecible no es una de ellas, desde luego. Jamás pensé que estaría sentada en una silla de ruedas viendo salir el sol con Emilio en un hospital, pero tampoco pensé que conocería a alguien como Emilio, para empezar. En su momento, pensé que estaría sola. Seguro que muchas otras veces también creí en esa vocecilla que me decía que nadie querría acompañarme.

Jamás pensé que este sería mi camino ni pude imaginar quién me acompañaría. Sin embargo, estoy segura de que eso no importa tanto como quería creer.

Lo que realmente importa es que ocurre y que Emilio acaricia mis nudillos con todo el amor que yo siento por él.

Cuando entré al hospital vi fragmentos de las vidas que nunca llegué a vivir, versiones de mí que jamás florecieron: la Belén que dejó la carrera porque suspendió; la Belén que se hizo misionera; la que decidió casarse con aquel horrible novio que tuvo a los dieciséis en vez de mandarlo a pastar en su momento; la que decidió hacerse veterinaria; la que quiso teñirse el pelo de color rosa. Todas ellas se han desvanecido de la misma forma que lo han hecho las mil versiones de mí misma que creí que sería: la Belén que estaría casándose; la Belén enferma que iba a morir en la mesa de operaciones; la Belén que no volvería a caminar; la Belén que sería madre de una parejita de niños hermosos.

Aun así, soy todas y cada una de ellas.

No ha habido pasillo, pero llevo el anillo en una cadena al cuello. Pensé que no vería el cielo de nuevo y aquí estamos, me digo. No camino, pero sigo haciendo camino. Y cuando me siento desolada, sigo buscando un recoveco de fe y regalándole un minuto de silencio a quien sé que siempre me escucha y comprende. Ya no tomo nueces y pan a media mañana ni trabajo desde casa, pero ¡sigo yendo al gimnasio!

—Ah.

Emilio me mira, asustado. Busca el foco del dolor, lo que sea que me hace abrir la boca después de casi veinte minutos viendo salir el sol. Pero no es nada de eso. No es el dolor lo que me obliga a abrir la boca.

Acabo de darme cuenta de algo.

—Emilio, ¡he conseguido dejar de fumar!

Tras el susto inicial, Emilio pone los ojos en blanco y se echa hacia atrás en su nuevo asiento, divertido. Niega con la cabeza, con una risa colgando de los labios.

Es agradable saber que todavía sabemos cómo reír.

La vida es preciosa. Incluso cuando se desmorona y se cae a pedazos, cuando cambia y crece y empequeñece a la vez. Incluso cuando parece que te atropella y te ahoga, la vida siempre tiene una forma de devolverte lo que necesitas, aun cuando no podías imaginar que era de esa manera.

De todas las cosas que han cambiado en la mía, esa no es una: todavía creo que la vida es bonita.

Incluso ahora.

AGRADECIMIENTOS

ESCRIBIR ESTE LIBRO HA SIDO UN VIAJE EXTRAORDINARIO y no podría haberlo logrado sin el apoyo y la ayuda de muchas personas.

Primero y ante todo, quiero expresar mi más profundo agradecimiento a Dios, porque, gracias a Él, tengo todo lo que me rodea. Me da las fuerzas que necesito para luchar contra viento y marea, me reconforta en mis peores momentos y me da la paz que siempre necesité.

Gracias a mis padres, por su amor incondicional y por enseñarme el valor del esfuerzo y la perseverancia. A mi hermana, por regalarme su sonrisa.

A mis amigos, por estar siempre a mi lado, en los buenos y malos momentos, por visitarme en el hospital, sea verano o invierno, por rezar por mí a todas horas y demostrarme que mi vida sin ellos no tiene sentido.

En especial, a mis amigas de Sevilla, por cuidarme tanto en la distancia como cuando vienen a visitarme, lo que me da muchas alegrías y me hace olvidar que llevo mucho tiempo en un hospital.

Gracias a mi futuro marido, que lo mismo ya lo es cuando salga a la luz este libro, por no separarse ni un solo día de mí desde que nos dieron la noticia de que tenía un tumor en la médula; por quererme bien; por hacerme sentir a gusto a todas horas; por hacerme confiar cuando pensaba que estaba todo perdido y por pensar siempre en un futuro juntos aunque estuviera lleno de incertidumbre.

Quiero dar las gracias también a la familia de Emilio, por sus visitas continuas y su apoyo y cariño incondicionales.

También quiero agradecer a mi editora, cuyo ojo crítico y sugerencias perspicaces mejoraron significativamente el manuscrito. Su dedicación y profesionalidad han sido esenciales para dar forma final a este libro.

A todo el personal sanitario de la planta de Neurocirugía del hospital Ramón y Cajal, por cuidarme todos los días, hacerme sentir como en casa, apoyarme en los momentos difíciles y acogerme durante todo este tiempo.

Mención especial a los neurocirujanos que me rescataron cuando parecía que todo estaba perdido.

No quiero olvidarme de mis fisioterapeutas, en especial de Alicia, Teresa y Vicente, que me motivaron a dar lo mejor de mí incluso en los momentos más complicados; además de mis terapeutas ocupacionales, Miguel y Sonia, que fueron mis manos en este proceso.

No me puedo olvidar de mis cuidadores del alma, cuidadores de fe y esperanza. Mis queridos capellanes, que venían todos los días por la mañana para darme la comunión y por la tarde acudían a mi habitación para acompañarnos y charlar tanto conmigo como con cualquier amigo o familiar que estuviese en ese momento. Han sido cercanos, sanadores del espíritu y del alma, para mí y para mi familia.

Especial agradecimiento a todos los trabajadores de BP ESPAÑA E INTERNACIONAL por todo lo que me han apoyado y siguen apoyándome durante esta enfermedad, no cabe duda de que se trata de una gran empresa con unos valores muy sólidos y un gran capital humano.

Y a mis excompañeros de PwC, por todo su cariño y aprecio desde siempre y para siempre.

A Marta Barroso por decir sí desde el principio a la idea de escribir este maravilloso prólogo, te quiero mucho.

Finalmente, quiero agradecer a mis seguidores de Instagram. Sin su interés y apoyo, este libro no habría sido posible. Espero que al leer estas páginas encuentren inspiración y fuerza y que mi historia resuene con ustedes de alguna manera

A todos vosotros, mi más sincero agradecimiento.

Espero que este libro os guste y os emocione tanto como a mí.

ÍNDICE

Este libro se terminó de imprimir
en septiembre de 2024.